TIZIANA IACCARINO

Una moglie di riserva

Se una moglie non bastasse?

Titolo originale: “Una moglie di riserva”
Autrice: Tiziana Iaccarino

Prima edizione volume: Luglio 2017

Independently published.

ISBN-13: 978-1521981283

Copertina:
Royalty Free Stock Photos

Elaborazione grafica della copertina digitale:
Le Muse Grafica

Una moglie di riserva

Trama

Cera e Raso sono una coppia come tante anche se, dopo quattro anni di fidanzamento e cinque di matrimonio, sembrano arrivati a percorrere una via senza ritorno.

Raso è un tipo a posto, anche se è troppo disordinato, inconcludente, insoddisfatto e pigro, ha un tappeto persiano rinfoltito sui pettorali (e non solo lì!) e per questo motivo suo fratello Lino lo ha soprannominato *Rasoio*. Gli piace cambiare spesso lavoro e mai mutande, almeno non quelle a quadretti rossi e bianchi che gli ha regalato la mamma prima di sposarsi.

Cera, invece, è perfettina, ordinata, alla moda e sempre molto curata al punto che sua sorella Lucilla la chiama *Ceretta*.

Quando la ragazza capisce che rimettere suo marito in carreggiata è un'impresa titanica, decide di dargli una lezione: cercherà un'alleata a cui chiedere aiuto e alla quale, forse, il suo "Rasoio" darà ascolto. Ma... cosa potrebbe accadere alla vita di una coppia quasi normale, se vi entrasse una terza incomoda tutta curve e poco cervello?

Ceretta riuscirà nel suo intento o Rasoio resterà l'incallito scansafatiche di sempre?

Dedicato alle mogli che, ogni tanto,
hanno bisogno di stare in panchina.

Capitolo 1

Quando entro in bagno e trovo la tavoletta della tazza già alzata all'alba, penso si sia impegnato a innaffiare la ceramica durante la notte, quando russavo e non potevo di certo sospettare che avrebbe fatto lo zombie per casa.

Quante volte devo avergli ripetuto di riabbassarla, una volta fatto il suo solito bisognino?! Non sto parlando del mio chihuahua da appartamento né di un micio tigrato, ma del marito che si è finalmente smutandato!

Quante volte pensate che una moglie possa ripetere al proprio marito sempre le stesse frasi, dalla mattina alla sera, finché morte non li separi? Ma, secondo voi, è meglio che li separi un giorno vivi o da belli e seppelliti?

Il marito si è smutandato due notti fa e ho tirato un tale sospiro di sollievo che ho pensato di rimanere senza fiato. Ha tenuto i mutandoni che gli ha regalato la mamma, in occasione del matrimonio, per settimane. Avete capito bene. Ho detto *settimane*!

C'è qualcosa che ancora non mi quadra in questo bel ragazzotto biondiccio che sembra tanto dolce e buono, coccolone e soprattutto *cocco di mamma* perché, da quando lo conosco, è sempre stato un tipo più o meno a posto. Non ho mai pensato potesse darmi dei grattacapi, in effetti: ogni tanto cambiava lavoro, paventando le scuse più assurde, raccontando aneddoti e storie che trovavo divertenti e delle quali ridevamo con gli amici i sabato sera nei pub di Trastevere, a Roma, dove ci siamo trasferiti in un piccolo appartamento, appena dopo il matrimonio. Un cadeaux del mio amato papà che lavora in un'importante filiare bancaria della capitale.

Raso si è praticamente trovato la pappa pronta e il tetto sopra la testa, senza spostarsi neanche poi tanto dal negozio di fiori di sua madre.

Entrambi vivevamo già a Trastevere con le rispettive famiglie e abbiamo pensato non fosse tanto male restare lì dove siamo cresciuti in serenità e armonia con tutti. Peccato che, da cinque anni a questa parte, la nostra vita matrimoniale non sembra così rosea come avrei potuto immaginare poco prima di sposarmi, quando eravamo ancora fidanzati e sognavamo una casa in cui allevare la prole. Già. Una famiglia, magari dei figli... ma con quali sicurezze economiche, se il mio Rasoio non si è mai davvero impegnato a trovare un posto di lavoro sicuro? Sì, ha un nome che si presta a qualunque tipo di aneddoto e doppio senso, alle battute degli amici e a qualche risolino di troppo. Lo chiamiamo tutti Rasoio, perché è un appellativo che gli ha affibbiato il fratello Lino in adolescenza, a causa del fatto che è peloso come uno scimpanzè in cattività e pare non abbia mai avuto la minima intenzione di correre ai ripari.

Dicevo che, da quando lo conosco, Rasoio non ha fatto altro che cambiare lavoro, lamentandosi di continuo dei problemi che trovava sul suo cammino e soprattutto della sfortuna che diceva perseguitarlo. Certo... la sfortuna! Magari deve essergli cresciuto un giardino fiorito pure nell'anticamera del cervello. Andrebbe rasato pure quello, forse!

Il mio Rasoio è dolce, ha lo sguardo bonario, semplice, morbido come un peluche appena lavato, anche se troppo spupazzato in famiglia, troppo stropicciato in lavatrice e strizzato dagli amici. Mi rendo conto che, a volte, l'apparenza inganna e questo suo aspetto tanto mansueto e remissivo, da bravo ragazzo, da studente modello o da lavoratore di buona famiglia, deve avermi tratta in inganno a lungo.

Dopo cinque anni di matrimonio e ben poche abitudini cambiate, però, non sono più disposta ad accettare i suoi capricci da bambinone che, invece di trentacinque anni, ne dimostra quasi dieci in meno e si comporta come un adolescente che crede ancora di poter fare quello che gli pare. Ha dimenticato un dettaglio importante: non è più single.

Ha una moglie che è fissata con l'ordine e sa il fatto suo. Io mi prendo cura di tutto in casa ma, in primis, di me stessa. Lo so, tutti abbiamo dei pregi e dei difetti. Tutti dovremmo essere in grado di mediare, in qualche modo, alle combinazioni a volte un po' bizzarre innanzi alle quali ci pone la vita, permettendoci di scegliere o di trovarci davanti al fatto compiuto, magari di renderci almeno sopportabili al prospetto del prossimo, di modificare in parte le nostre pessime abitudini o i comportamenti discutibili e poco affini a quelli del partner. Ci si dovrebbe andare maggiormente incontro, almeno per una sorta di pietismo misto a finta condiscendenza che assecondi o dimostri il grado più o meno sfumato dei sentimenti dell'altro. Invece niente.

Rasoio, da cinque anni a questa parte, è rimasto il solito rompipalle disordinato, inconcludente, indeciso e peloso di sempre. Non sono mai riuscita a rasarlo, mai a fargli una ceretta come si deve... neanche per sbaglio, o per scherzo e scommessa!

Lui non vuole farsi toccare in quel senso, non vuole neanche parlarne ma, ogni volta che siamo a letto, soprattutto d'estate, quando ci scopriamo per via del caldo, mi sembra di coricarmi con un lamù bruno del quale non capisco dove si trovi il capo e dove la coda.

Vi sembra poco?

A volte ho dovuto fare l'amore con la mascherina per dormire, in modo da evitare di guardarlo con tutti quei peli sparsi ovunque, manco gli si fosse incollato un tappeto persiano addosso!

Ancora mi chiedo come io sia riuscita a resistere un totale di nove anni, tra il fidanzamento ufficiale e le nozze, insieme a un uomo tanto trasandato. Proprio io che ho fatto della cura estetica il mio stile di vita. Io che chiedo sempre a mia sorella di fare shopping in via dei Condotti. Io che risparmio per andare a mangiare, almeno un sabato al mese, in un ristorante esclusivo o per comprare, una volta ogni cento anni, una borsa firmata Luis Vuitton!

Sto cercando di capire, ormai da tempo, che cosa mi abbia veramente attratto di quest'uomo. Che cosa mi abbia attizzato al punto da andarci a letto e soprattutto quale *pippone* devo essermi fumata il giorno in cui l'ho sposato. Ero forse ubriaca fradicia? Uscivo dai postumi del party di addio al nubilato organizzato da mia sorella con tutte le nostre ex compagne di scuola. Le stesse che, un tempo, mi dicevano alla prima occasione: "Chissà che tipo di uomo sposerai! Non sei mai contenta di niente e di nessuno e quando convolerai a giuste nozze, vogliamo esserci, anche solo per conoscere il fortunato vincitore della lotteria!"

In realtà, neanche me lo ricordo il mio addio al nubilato. So solo che, la mattina successiva, mi sono svegliata mezza nuda e con i capelli tinti di viola, nel monolocale di mia sorella a Cinecittà.

Ricordo di esser dovuta correre dal suo parrucchiere di fiducia, a qualche isolato, per evitare dei ritardi sulla tabella di marcia del matrimonio in quanto, quello stesso giorno, io mi sarei dovuta sposare!

Per fortuna era stato tutto organizzato intorno alle due del pomeriggio, dalla chiesa al ricevimento, perché avevo chiesto una cerimonia breve, ma curata nei minimi dettagli dalla wedding planner che mi aveva presentato mia sorella Lucilla.

Quando tornai al monolocale di quest'ultima, intorno alle dieci del mattino, l'equipe estetica assunta da mia madre come regalo di nozze, per acconciarmi al meglio, in occasione di quell'importante giornata, doveva avermi scambiata per uno spaventapasseri, tanto ero trafelata e stanca, fuori di me e mezza rincoglionita. Sì, probabilmente, oltre a essere ubriaca fradicia, la sera precedente dovevo essermi fumata pure qualcosa di poco lecito, per finire convolata (a giuste?) nozze con questo tipo dall'aria sempre stralunata e poco convincente, ma forse ero davvero ingenuamente innamorata per connettere. Riesco a giustificarmi solo in questo modo.

Io e Rasoio abbiamo un anno di differenza. Quando l'ho sposato avevo ventinove anni, mentre lui appena trenta. Mi sembrava un ragazzo tanto dolce e mansueto, rilassante e rassicurante e invece... Non avevo fatto i conti con il suo carattere poco malleabile e soprattutto con la sua innata inconcludenza.

Pensare che sua madre mi aveva avvertito, ripetendo spesso: «Con Raso dovrai penare, anche se è un bravo ragazzo!»

Già. Bravo e... peloso! Ma dove diamine l'hanno concepito? Allo zoo?

Questa domanda me la faccio da anni e non ho mai trovato da nessuna parte una risposta plausibile.

Afferro lo spazzolino da denti e cerco il dentifricio che ricordo di aver lasciato al solito posto, accanto al lavandino, sulla mensola dove sono bene appostati anche i deodoranti, lo shampoo, le creme per la cura del corpo (mie, ovviamente), le saponette, i profumi più costosi che sono riuscita ad acquistare negli ultimi tempi e quant'altro. Mi stropiccio gli occhi, ancora assonnata e penso che, prima ancora di riuscire a prepararmi un caffè, dovrò andare alla ricerca del dentifricio, per evitare di far scappare lo *scimpanzé* con la fiatarella che mi ritrovo, dopo il Kebab ordinato a casa, ieri sera, spaparanzati sul divano davanti a un film d'amore americano degli anni '50 che amo particolarmente: “Vacanze romane”.

Quando lo sento trascinare le pantofole in camera da letto, so che mi raggiungerà in breve tempo, quindi mi sciacquo ben bene la faccia per avere un aspetto migliore e soprattutto per prepararmi alla ramanzina da fargli.

Ieri sera mi ha raccontato di avere un nuovo colloquio di lavoro proprio stamane, presso un magazzino di conserve alimentari nel quale dovrebbe guidare il muletto. Ha il brevetto, quindi può farlo. Pensare che, solo una settimana fa, ricopriva l'amabile ruolo di banconista all'interno di una pizzeria piuttosto nota qua a Trastevere, ma gli hanno improvvisamente ridotto lo stipendio, paventando la solita storia della crisi economica e ha deciso di licenziarsi. Dopotutto, come si fa ad accettare metà di una normale paga lavorativa, per ben dieci ore di lavoro, senza neanche una piccola pausa o un morso a un trancio a piacere?

Questa volta, non ho avuto rimproveri da avanzargli, aveva ragione, il mio povero pelosone dagli occhi azzurri più belli che abbia mai potuto incrociare. Quindi, ho deciso di fare buon viso a cattivo gioco.

Mi è dispiaciuto soprattutto che, qualche anno fa, abbia rifiutato l'offerta di lavoro avanzatagli da mio padre già pronto ad aiutarlo a trovare un impiego da dipendente statale. Ci aveva creduto, il mio papà, all'idea di sistemare 'sto ragazzotto, subito dopo il matrimonio, ma non ci è riuscito e questa consapevolezza deve averlo deluso al punto che ora i loro rapporti si sono piuttosto raffreddati.

Mio padre sa bene che Raso cambia lavoro in continuazione, almeno con cadenza semestrale o al massimo annuale, e ha sempre delle parole di sdegno da rivolgergli, quando sa che potremmo passare a casa sua, anche solo per un saluto o magari in occasione del solito invito al pranzo domenicale, almeno una volta al mese, da parte della mamma.

Mio padre e Rasoio, ormai, non riescono più a trovare un punto d'incontro, un modo qualunque per dialogare. Il primo è preoccupato per la mia serenità economica e familiare, sa che posso contare sempre su di lui, ma vorrebbe per me un marito meno immaturo, mentre il secondo è consapevole dei suoi limiti, ma pensa di avere ancora vent'anni per potersi permettere la libertà di prendere tanto alla leggera il suo futuro lavorativo, in un Paese che offre già poche opportunità ai suoi cittadini, sia giovani che attempati.

Io ho un lavoro da segretaria all'interno di uno studio legale. Dopo essermi laureata in Giurisprudenza con il massimo dei voti, ho scelto l'opportunità che mi si è presentata subito dopo aver ottenuto l'agognato dottorato. Lo studio legale “Fratelli Associati” presso il quale lavoro nella zona dell'Eur è affidabile e molto serio, in quanto i due avvocati che mi hanno assunta sono amici di papà e hanno preso a cuore la mia voglia di mettermi in gioco, appena uscita dall'Università.

Lavoro presso il loro studio da circa dieci anni e non mi sono mai spostata, perché ho avuto un ottimo contratto e degli orari flessibili. Sono l'unica della famiglia, in pratica, che porta a casa uno stipendio fisso, ragionevole e sicuro, perché Rasoio è sempre alquanto incosciente nelle sue scelte e soprattutto nei tipi di lavoro che trova.

A volte mi chiedo quando e se sarà mai possibile metter su famiglia, pensare a un figlio a cui dare ogni tipo di sicurezza da due genitori davvero consapevoli e maturi.

La maturità caratteriale è qualcosa che si acquista nel tempo e che non si vende al mercato. Rasoio ha bisogno di tempo, credo. Anche se sono abbastanza stufa di dargliene. Mi sembra quasi di gettare via i migliori anni della mia vita, nell'illusione che si calmi, che cambi e soprattutto che decida di fermare la sua corsa alla ricerca di *non si sa bene cosa*.

La porta si apre e me lo ritrovo, tutto spettinato e ancora assonnato, con i boxer a quadri e una canottiera da bagnino diretto alla tazza per urinare.

Non mi degna di uno sguardo, né saluta. Si mette in piedi vicino alla tazza e fa i fatti suoi, mentre, sbuffando, sono ancora all'estenuante ricerca del dentifricio. Ho persino controllato nel mobiletto in cui custodiamo le medicine.

Niente!

Dentifricio volatilizzato.

«Amore, sai dirmi dove hai infilato il dentifricio, dopo averlo usato l'ultima volta che spero sia stata ieri?»

Raso sbadiglia e poi tira lo sciacquone, prima di sistemarsi i boxer extra large, taglia di cui non ho mai capito l'acquisto, dal momento che è magrissimo, e sui quali ci sono raffigurati Paperino e Paperina amoreggiare in una spiaggia di chissà quale posto.

Ho notato solo ora che non ha neanche alzato il copriwater, ma sto provando a mantenere la calma ugualmente.

Si volta nella mia direzione e sembra persino sorpreso di vedermi. Sono qui in bagno di passaggio, in effetti.

«Ciao amore, come va?» chiede, avvicinandosi e allungando le labbra a forma di culo di gallina, per darmi un bacio a stampo che evito in ogni modo, se prima non ci si lava i denti a turno.

«Dov'è il dentifricio?» ripeto, infastidita, sperando che gli ritorni presto la memoria.

Si guarda attorno, incerto, dopo essersi reso conto che non lo bacerò mai, prima di essere entrata in possesso della pasta per la pulizia per i denti e poi mette mano alla tasca del suo accappatoio appeso alla porta del bagno.

Ecco dov'era!

Naturalmente il tubetto è premuto in centro e non dal fondo, come gli ripeto da anni.

Glielo levo dalle mani in modo brusco e mi volto per lavarmi i denti, mentre gli sento dire, sornione e divertito: «Non mi merito neanche un bacetto per questo magnifico ritrovamento?»

«No!» esclamo, categorica, sperando di rimanere da sola a lavarmi, prima di fare tappa in cucina per la colazione.

Capitolo 2

Quando ricevo la telefonata di mio marito, sono allo studio legale dove, per la pausa pranzo, ho scelto di chiamare il ragazzo del ristorante “Le gran soirée”, poco distante, del quale gli avvocati sono già clienti da anni. Penso che, finalmente, mio marito abbia trovato il lavoro che potrà durare. Quello che deciderà di tenersi a lungo. Il magazzino di alimentari lo aspetterà a braccia aperte, ne sono certa!

Qualcosa non va. Lo sento sbuffare. Ha la voce bassa e incerta. Sento che sta per darmi la notizia che non volevo sentire per nessuna ragione al mondo.

«Mi hanno chiesto se avevo un'esperienza di almeno dieci anni alla guida del muletto e non ho potuto mentire. Insomma... cercavano qualcuno di più esperto.»

Strabuzzo gli occhi e mi chiedo se stia scherzando.

Rasoio è un giocherellone, gli piace ogni tanto prendermi in giro, ha preso questo affascinante lato del carattere da suo fratello ma, dopo un minuto di silenzio, mi rendo conto che, invece, la risposta è seria. Lancinante, aggiungerei.

Sospiro.

Mi prendo un attimo per raccogliere tutta la pazienza di cui sono capace. Ho bisogno di restare calma, soprattutto quando penso che mio padre, come fa spesso, ormai, chiederà se mio marito ha messo la testa a posto. Se pensa di trovare finalmente il lavoro dei suoi sogni e rimanerci per sempre.

Raso ha una Laurea in Economia e Commercio che non ha voluto mai utilizzare o, forse, non è stato capace. Non saprei neanche come definire il suo stato da disoccupato patologico. Mi sono spesso chiesta se fosse una volontà o un caso, ma io non credo al caso. Questo è il punto.

Penso che quella Laurea se la sia presa per accontentare i genitori.

La mamma Teresa è una fioraia da generazioni e il padre è stato ragioniere per una vita intera, almeno prima di andare in pensione. Ora aiuta la moglie al negozietto che hanno a Trastevere e sembrano felici, ma il figlio non ha voluto mai lavorare per loro, diceva che era degradante consegnare fiori a domicilio. La mamma ha dovuto assumere un ragazzo che studia e guadagna uno stipendio ridotto, ma dignitoso e soprattutto nell'attività di una famiglia amabile.

Raso sa che, nel caso in cui non riesca a trovare niente, i genitori possono dargli da lavorare, deve solo mettersi alla guida della Vespa anni '60 che suo padre conserva in garage come una reliquia e andare a fare consegne in giro per la città eterna. Sarebbe un lavoro onesto e umile, ma sempre meglio di niente, se vogliamo dirla tutta.

Cosa pretende? Che lavori tutta la vita da sola per mantenere la famiglia? Quando i suoi risparmi saranno finiti, cercherà di certo aiuto economico dalla mamma, ma possibile che ci si debba ridurre in quelle condizioni a trentacinque anni? Direi proprio di no!

«Va bene, amore... adesso lasciami mangiare in tutta pace il piatto di spaghetti che ho ordinato per la pausa pranzo e ne riparliamo stasera a cena.» gli dico, quindi, per tagliare corto.

Già, stasera... quando tornerò stanca e delusa e non avrò voglia di altro che di andarmene a letto, invece che di preparare la cena a uno scansafatiche!

Sono seduta presso la mia scrivania nell'ingresso dello studio. Gli avvocati Salzani sono andati a pranzo con alcuni colleghi, dopo aver affrontato una mattinata alquanto faticosa in tribunale, così come mi hanno raccontato per telefono, quando hanno detto di prendermela comoda oggi, se non c'erano appuntamenti.

In realtà, ho organizzato la loro agenda per tutta la settimana e so che hanno da fare altrove, anche se i loro clienti continuano a chiedere di esser ricevuti qui allo studio.

Sto visitando il mio profilo social, quando incappo in una notifica che mi arriva da qualche contatto di cui non devo essermi neanche accorta. Spesso accade che si accettino amicizie anche per pura simpatia, perché rimangono soprattutto virtuali e poi ci si dimentica di loro.

C'è una ragazza di Ostia che si lamenta di non essere riuscita a vincere l'ultimo concorso di bellezza locale a cui ha partecipato. Dice di essersi sottoposta a una dieta molto rigida e a estenuanti sedute sportive per rimanere in linea. È bionda, ha i capelli lunghi e lisci, gli occhi azzurri e un viso da brava ragazza. La trovo davvero incantevole. Non so se sia tinta o naturale, ma di certo non passa inosservata. Non so neanche come faccio a trovarmela tra i contatti, ma mi salta in mente un'idea alquanto stravagante, in questo momento.

Rasoio continua a lasciarsi andare alla pigrizia che lo ha sempre contraddistinto e mi costringe a ricorrere a rimedi campati in aria, ma assolutamente geniali. Devo dargli una lezione!

Non può continuare in questo modo. Non può pensare di prendersela così comoda con una moglie tanto raffinata e assolutamente meritevole di una famiglia felice e completa!

Avrei voglia di mettere in cantiere un bambino, ma non possiamo permettercelo, data la nostra situazione. So che i miei genitori mi aiuterebbero economicamente, che mio marito, anche controvoglia, potrebbe andare a lavorare nel negozio di fiori della sua famiglia, ma sono una persona orgogliosa e stanca. Ho bisogno di cercare una soluzione diversa a questi problemi.

Devo far capire a Rasoio che è in gioco la nostra vita, il nostro futuro, la possibilità di diventare genitori e soprattutto di crescere come persone.

Contatto la ragazza che mi guarda, sorridente e inconsapevole di ciò che potrei proporle, da una fotografia a mezzo busto.

> "Ciao. Non ci conosciamo, ma siamo in contatto virtuale, anche inconsapevolmente. Ho appena notato una tua foto, molto bella e ammirevole. Ho letto della tua delusione riguardante il concorso a cui hai partecipato, ma vorrei darti l'occasione di farti quattro risate, un'esperienza diversa dal solito e un lavoretto tutt'altro che spregevole. Ti va di incontrarci domani all'ora di pranzo a Piazza di Spagna? In serata ti scrivo l'ora esatta."

Ora non devo fare altro che aspettare una risposta e sperare che sia positiva. Ho bisogno di far fare a mio marito un'esperienza indimenticabile. Una di quelle che gli farà tornare la voglia di muovere le chiappe, almeno nel senso che intendo io, spero, e forse questa ragazza può darmi una mano.

Non posso e non devo raccontare a nessuno ciò che intendo organizzare, soprattutto se non so come la prenderà Rasoio e quali saranno le dirette conseguenze della mia idea.

Quando torno a casa, intorno alle sette di sera, sono allegra e rilassata. Ho un umore finalmente diverso. Sono speranzosa e convinta che il mio piano sarà in grado di cambiare la situazione.

Rasoio, che ha deciso di passare alla storia per essere l'uomo più peloso e indeciso del mondo, avrà la lezione che si merita.

Sta da anni con una donna troppo buona, bella, intelligente e paziente. Insomma, me lo sono pure sposato, mi sarei meritata almeno un trattamento con i guanti o no?

Io avrei potuto scegliere qualunque altro uomo al suo posto. Mio padre me l'ha sempre detto. Il mio rango mi avrebbe suggerito scelte migliori, se avessi ascoltato le imploranti espressioni di chi mi ha sempre conosciuta come una persona esigente e molto interessante. Avrei potuto aspirare a un uomo di spessore, magari di un certo ceto sociale, affascinante e proveniente da una famiglia benestante, magari un uomo di successo nel lavoro e nella vita privata. Qualunque uomo, dopotutto, nella sua vita affettiva, se fosse incappato in me, sarebbe stato felice e soddisfatto della persona che si sarebbe trovato accanto.

Rasoio, invece no. Lui ha sempre dovuto distinguersi. Quanto sono stata stupida nel pensare che sarei riuscita a cambiarlo o meglio che, nel tempo, si sarebbe reso conto dei suoi errori e avrebbe finalmente messo la testa a posto!

In pratica sto giustificando la mia stupidissima e forse assurda idea, ma almeno si renderà conto della fortuna che ha avuto nell'incontrarmi e si troverà spaesato, nel capire che non sono per niente disposta a fargli da mogliettina sempre in grado di assecondarlo e magari aiutarlo, ogni volta che ne ha bisogno.

Ho sopportato il suo carattere da adolescente ribelle, la sua ritrosia nell'accettare l'impiego che gli ha offerto mio padre, la sua pigrizia casalinga, il suo disordine patologico e la sua peluria rinfoltita nel tempo che, un giorno, forse, a spasso con la vecchiaia, diventerà pure un manto *bianco neve* terribilmente pulcioso, nel senso che potrebbe crescere al suo interno qualunque tipo di fauna.

Non ci voglio neanche pensare! Ok. I giochi sono fatti, se la bella biondona mi risponde.

Resto in attesa a lungo.

Rasoio è comodamente spaparanzato sul divano del salone a guardare una partita di calcio. Non voglio neanche sapere quale squadra sta giocando. Sono davvero esausta di questo suo comportamento menefreghista e ozioso.

Si è appoggiato alla spalliera del sofà, ha un braccio piegato dietro la nuca e lo sguardo fisso sul televisore di fronte.

Il nostro salone non è molto grande, ci si accede appena entrati in casa e dalla porta è possibile persino vedere su che canale è sintonizzato il televisore. Il divano dà le spalle alla porta di ingresso e un tavolino basso è situato proprio in centro sala, mentre sulla destra c'è un tavolo rettangolare con quattro sedie in legno di noce che sono davvero stupende. Un regalo di zia Roberta quando, cinque anni fa, arrivò da Milano per il matrimonio che le avrebbe fatto conoscere il mio futuro marito. Ricordo che la sorella di mamma chiese subito se avevamo stilato una lista di nozze e, quando seppe che era pronta ad attendere gli invitati in un lussuoso showroom del centro, fu una delle prime persone a firmare nel libro degli ospiti, dopo aver staccato un assegno alla commessa del negozio. Così raccontò alla mamma, divertita e compiaciuta, allo stesso tempo.

La cucina è situata sempre sulla destra ed è poco pretenziosa. Pochi metri quadri permettono di districarsi tra i fornelli e di contare su una finestrella che si affaccia al cortile interno del condominio, per far passare un po' di aria.

Dall'altro lato del salone, sulla sinistra, invece, c'è la nostra camera da letto da cui si può accedere al comodo e moderno bagno adiacente. Possiamo vantare una cabina doccia con cromoterapia. Abbiamo persino un telecomando dal quale, mettendoci mano, possiamo scegliere i colori che sono in grado di tingere il nostro lavaggio.

Mi tolgo le scarpe con tacco dodici appena entro in camera da letto dove una morbida moquette color cammello sembra accogliere e massaggiare le piante doloranti dei miei piedi.

Oggi non ho preso l'auto per andare a lavoro. Ho preferito cederla a Raso per permettergli di recarsi al colloquio di lavoro. La metropolitana era molto affollata fino all'Eur dove c'è lo studio degli avvocati. Ho sudato come poche volte in vita mia. Sono pentita. Avrei potuto prendermela comoda e lasciare prendere a lui i mezzi pubblici.

Perché sono tanto stupida? Perché mi preoccupo sempre oltre il dovuto per il mio uomo, mentre lui fa orecchie da mercante tutte le volte che gli chiedo e gli consiglio di darsi una mossa?

Sbuffo.

Poggio sul letto la giacca del severo tailleur che ho indossato per la mia giornata lavorativa e mi dirigo al bagno, quando sento il cellulare trillare e penso di dargli un'occhiata, prima di rilassarmi nella cabina della doccia.

"Ciao. Piacere di conoscerti. A che ora ci vediamo?"

La bellissima ragazza bionda del concorso mi ha risposto. Perfetto.

Digito l'orario per l'indomani a Piazza di Spagna, accanto alla Barcaccia. So che la riconoscerò subito. Mi descrivo come una donna elegante, bionda come lei, dagli occhi azzurri come i suoi, ma i capelli lisci e corti, ordinati, poco pretenziosi, gentile e seria. Le vorrei fare una proposta lavorativa interessante e fruttuosa per entrambe. Penso che potrebbe accettare così come rifiutare, ma non lo saprò mai, se non ci provo.

Quando la incontrerò, avrò tutte le risposte che cerco.

Appoggio il cellulare sul comodino in noce in pendant con il guardaroba con ante scorrevoli che è di fronte al letto e mi ritiro in bagno.

La preparazione della cena può attendere così come lui sta facendo con il mondo del lavoro e la depilazione personale.

Capitolo 3

Il giorno successivo

Sono in attesa del pezzo di figa da almeno mezz'ora accanto alla Barcaccia. Non ho molto tempo da perdere. Sto utilizzando la mia pausa pranzo, per incontrare questa persona senza sapere neanche se accetterà quanto ho da proporle.

Consulto, per l'ennesima volta, il suo ritardo al mio orologio da polso, sospirando. Ho indossato degli ampi occhiali da sole firmati e un tailleur rosa pallido che mi è stato confezionato su misura da un noto sarto romano, amico della mamma. Mi è costato oltre cinquecentocinquanta euro, me lo sono potuto permettere con i sacrifici di un lavoro che mi appassiona.

Rasoio se lo sogna un completo come questo e poi lui userebbe diversamente la stessa cifra. A lui piace vestirsi *casual* e meno costoso, anche perché non può permetterselo, neanche volendo.

Sto per andare via, quando finalmente la noto arrivare a piedi su un paio di scarpe altissime, in una camicetta sbottonata strategicamente su un décolleté alquanto generoso e una minigonna mozzafiato. Ha due cosce da gazzella. Da vicino è ancora più bella che in fotografia!

I suoi lunghi capelli biondi sono liberamente sciolti e ha un viso struccato. Nessun paio di occhiali da sole a coprirle il viso.

Piego le labbra in un sorriso furbo e soddisfatto. Spero vada tutto come vorrei!

Quando in serata torno a casa, sono in compagnia di Veronica. Mio marito è sempre spaparanzato sul divano. Stasera altro giro, altra partita. Ma non sarà stanco di non fare niente da mattino a sera?

«Amore, siamo a casa!» esclamo a gran voce, pensando di attirare la sua attenzione e ottengo subito il risultato sperato.

Rasoio si volta quasi all'istante, perché quel “siamo” gli ha fatto allungare le antenne, esattamente come ero certa che avrebbe fatto. Ha assunto un'espressione che non saprei decifrare. È allibito. Sembra aver avuto una visione o magari essersi accorto della presenza di un fantasma in casa.

Gli sorrido e vado a baciarlo sulle labbra, rapida e bene organizzata. Veronica, che mi ha chiesto di chiamarla *Nica,* mi viene dietro e scocca un bacio sulla guancia di mio marito, provocandogli un sussulto e facendolo diventare di un color porpora indecente.

Sembra voglia dire qualcosa, ma non ci riesce. È rimasto completamente imbambolato, nel vedermi tornare a casa in compagnia di questa ragazza e non sa neanche reagire alla novità. Sembra non riesca a chiedermi chi è e cosa ci fa a casa nostra a quest'ora.

Vado in camera da letto a cambiarmi, come al solito, mentre Nica si accomoda, sorridente, sul divano accanto a Raso che ha cominciato, probabilmente, a sudare freddo.

Ci credo.

Nica indossa una minigonna inguinale da cui si allungano due cosce chilometriche dalla carnagione candida che farebbero perdere la testa a chiunque.

Rido sotto i baffi, cercando di evitare qualunque spiegazione, perché so già che mi seguirà in bagno dove mi sto spogliando per fare una doccia.

«A... a-a-a-m-o-r-e... amoreeee...» mi chiama, assumendo un tono alquanto provato. Sembra quasi si sia fatto male e stia chiedendo aiuto al primo soccorritore.

Mi sto raccogliendo i capelli in una coda e togliendo la biancheria, prima di infilarmi nella cabina della doccia, senza degnarlo di un solo sguardo.

Anzi, non rispondo neanche ai suoi richiami da micione che cerca attenzioni e coccole, una sorta di conforto e qualche rassicurazione con cui vuole chiedere, in realtà: “Che cosa sta succedendo?”

Chiudo le ante della cabina, poco prima di sentirlo entrare nel bagno quasi allarmato.

«Amoreee... c'è una ragazza in salone!» esclama, attaccandosi all'anta dal vetro opaco della cabina che gli fa vedere solo la mia sagoma. Me la sto ridendo di gusto, senza muovermi di un solo millimetro. Ho le braccia conserte e una mano con cui mi copro la bocca. Sto cercando di trattenermi, per ascoltare ciò che ha da dire.

«Amore, mi stai ascoltando?» chiede, nel tentativo di attirare la mia attenzione. «Chi è quella in salone? L'hai vista?»

«Certo che l'ho vista.» rispondo, perché non riesco più a trattenermi. «È arrivata a casa con me. Si chiama Veronica, ma puoi chiamarla Nica. È mia cugina. Arriva da Milano e mia madre non può ospitarla al momento. La ospitiamo noi per qualche giorno. È molto carina, vero?» gli chiedo, ben sapendo a quale tipo di esame lo sto sottoponendo e al divertimento che mi aspetta. Forse questa nuova *esperienza* servirà a entrambi.

«Tua cugina?» ripete, ebetito, ma so che sta stentando a crederci e che vuole essere rassicurato, perché per lui quella ragazza è una sorta di tortura. Penso che, in tutta la sua vita, non sarebbe mai riuscito neanche ad avvicinare una tale bellezza.

«Sì, lei è...» Già, chi diamine è? Me lo sto chiedendo pure io, ma devo farmi trovare preparata. «la cugina che era a Hong Kong... la nipote di zio Mauro, il marito di zia Roberta.»

«Avevi una cugina così... così...» Rasoio non trova le parole adatte, ma so che ci sta provando. Sta cercando di ricordare se gli avessi mai parlato di Nica. Impossibile. Hong Kong è il motivo per cui non è stata al nostro matrimonio e lui ha saputo della sua esistenza solo ora. Se è abbastanza intelligente, può capire tutto, ma... quello schianto di figa che lo aspetta spaparanzata sul sofà del salone, non potrebbe farlo ragionare lucidamente. È pur sempre un uomo.

«Non te ne ho mai parlato, perché erano anni che non tornava da Hong Kong, dove lavorava spesso come modella, anche se vive da tempo a... Parigi!»

Questa sì che è una cavolata, potevo risparmiarmela. Se non se ne va, mi arrendo. Sono troppo stanca per stare dietro alle sue domande e ho il cervello in pappa, ma sono fortunata.

Mio marito se ne torna in salone dove Nica sa già cosa fare.

Dopo circa mezz'ora, li trovo ancora sul sofà. Nica è comodamente appoggiata alla spalliera e ha le gambe accavallate, lo sguardo gettato sul televisore e sembra rilassata.

Rasoio, invece, ha il colorito di un peperone ed è seduto sul bordo estremo del divano, al lato opposto, immobile come una mummia, quasi timoroso di muovere un solo pelo. Cosa difficile nel suo caso, perché pure quando respira, gli si muove la giungla che ha addosso. Credo che persino Tarzan e Jane gli stiano chiedendo pietà, ormai.

«Ragazzi, preparo la cena!» esclamo, sorridente e rilassata, nel mio accappatoio firmato.

Ho ancora i capelli raccolti nella coda e mi accingo a dare un'occhiata in frigo, prima che mio marito mi raggiunga in cucina quasi in punta di piedi.

Lui ha lo sguardo perso nel vuoto e l'espressione di un ebete, ma sembra più terrorizzato, in questo momento, che affascinato all'idea di avere un'ospite tanto carina a casa. Indossa una camicia bianca su ampi pantaloncini corti, macchiati di sugo, che orrore!, e le solite vecchie e trasandate *ciavatte* che usa durante l'estate.

A guardarle mi sto chiedendo di nuovo: "Chi cavolo ho sposato? Non le indossava i primi anni di matrimonio. Mai viste prima, a dire il vero, sarà una moda? La situazione sta peggiorando con il passare dei giorni."

«Ciccia, ma la tua cuginetta non poteva stare da tua madre?» mi chiede Raso, tenendo bene basso il tono della voce. È preoccupato che Nica ci senta a pochi passi. La cucina è piccola e non ha una porta da poter chiudere, si accede liberamente da una parete a volta, aperta come a entrare in un vano ben visibile da chi si trova in salone. Mi sfugge un sorriso malizioso e gli faccio l'occhiolino.

«Tesoro, sarà solo per qualche giorno, non ti preoccupare... non ci darà fastidio. È una brava ragazza, molto tranquilla. Si sta riposando e le ha fatto piacere il mio invito. Sai, la mamma ha il suo da fare con le amiche, lo shopping, le gite fuori porta da organizzare almeno un week end al mese...»

«Certo, tua madre ha da fare... con la briscola, l'estetista, la parrucchiera, e noi con... come si chiama?» ripete come se volesse farmi credere che il nome di Veronica non gli si sia marchiato a fuoco nelle mutande, appena l'ha vista!

«Chiamala come ti pare!» gli suggerisco, quindi, prima di tornare al mio frigorifero che sta letteralmente chiedendo compagnia. È totalmente vuoto.

Oh!

Sgrano gli occhi per la sorpresa e lo sdegno.

«Raso, dovevi fare la spesa stamattina o mi sbaglio?»

Lui divaga e cerca un appiglio qualunque che non trova, prima di tornare in salone.

«Ehm...»

Sospiro profondamente, per evitare di sbraitargli contro che l'unica cosa buona della giornata è stata quella di aver trovato una ragazza simpatica come Nica a condividere le mie condizioni precarie di famiglia.

«Va bene, ho capito.» commento, sconfortata e delusa, mentre lui è già in salone e sembra stia persino cominciando a dialogare con la modella che gli ho confezionato strategicamente per metterlo alla prova. «Chiamo la pizzeria!» esclamo, infine, pur sapendo che nessuno dei due mi sta ascoltando.

Mi reco in camera da letto dove ho lasciato il cellulare e digito il numero della pizzeria "Lo zozzo" che è a pochi isolati. Cosa mi resta da fare? Mica posso pagare sempre io una costosa cena a base di pesce e buon vino bianco frizzante proveniente dalla provincia di Frosinone come piace a me? Ho già il portafogli che piange miseria e ancora non siamo arrivati alla fine del mese!

Vorrei evitare di chiedere un aiuto economico ai miei genitori. So bene che la mamma mi passerebbe subito qualche banconota da cinquanta euro, ma l'orgoglio mi dice che devo resistere, perché chiedere soldi ai miei genitori sarebbe come ammettere l'enorme errore di aver sposato un fannullone. Peccato che cinque anni fa non si fosse rivelato tale, perché se avessi avuto solo il lontano sospetto del tipo di persona che si sarebbe rivelato in seguito, avrei mollato la presa al secondo appuntamento!

Quando torno in salone, noto che Nica si è messa molto più comoda di quello che mi sarei aspettata a così breve tempo dalla sua entrata in scena. Ha appoggiato i piedi, scalzi per fortuna!, sul tavolino innanzi al sofà, a gambe incrociate e minigonna inguinale che non vede l'ora di mostrare il colore delle sue mutandine a mio marito, il quale sembra essere appena entrato in trance ed è in via di sudorazione eccessiva pure all'interno delle brache dove non oso immaginare cosa stia succedendo.

La scena mi diverte. Era quello che volevo. Non ho il minimo dubbio circa la sua fedeltà e poi, parliamoci chiaro: chi vorrebbe mettersi insieme a uno scansafatiche che sta in pantaloncini macchiati di sugo dell'ultimo pranzo domenicale e *ciavatte*, come le chiama sempre sua madre, che manco i burini del nostro secolo indosserebbero sulla spiaggia del litorale per l'estate?

Mi fermo a un passo da loro e li osservo: "Che bella coppia!" penso, divertita.

«Ragazzi, la pizza sta arrivando.»

Nessuno dei due, però, sembra affamato o minimamente interessato a quanto ho detto.

Lei non mi sorprende, potrebbe essere anche a dieta, ma lui... che è sempre stato una buona forchetta, malgrado il fisico atletico pronto a ingannare chiunque, perché ha un metabolismo che brucerebbe meglio di qualunque laser pure la sua peluria, mi sembra alquanto strano.

Peccato non riuscire a portarlo a fare almeno una seduta dalla mia estetista di fiducia!

«Avete sentito cosa ho detto?» chiedo, quindi, per avere almeno un accenno di risposta da uno dei due.

Nica sposta lo sguardo annoiato che prima seguiva la partita di calcio con mio marito e annuisce. Raso pare non avermi neanche notata tornare in salone.

I suoi occhi sono fissi sulle lunghe cosce di Nica. Penso che, da un momento all'altro, la bava gli potrebbe colare sul pavimento per pulirlo meglio.

Questo invito non se lo sarebbe mai aspettato. Ne ero certa, ma ancora non sa cosa bolle in pentola.

Fingo di schiarirmi la voce e noto che Nica ha percepito subito il messaggio, per cui si mette in piedi ed esclama: «Vado a farmi una doccia.»

Rasoio la sta seguendo con lo sguardo senza emettere un solo suono. Ha le fauci spalancate e il viso troppo rosso per farmi credere che stia bene.

«In bagno trovi tutto l'occorrente!» le dico, prima che si sposti senza degnare di uno sguardo mio marito che, invece, pare quasi volerla seguire nella cabina della doccia.

"Si accomodasse, se proprio ci tiene!" mi viene da pensare, ma resto zitta.

«Quindi ora lei si spoglierà?» chiede mio marito, prima di deglutire pesantemente.

«No, si farà la doccia vestita!» ribatto subito, ironizzando, per vedere la sua reazione che è quella di uno scimpanzé in calore.

Quest'uomo ama le bionde, la pizza, i pantaloncini con le macchie di sugo, le *ciavatte*, il calcio, i mutandoni che gli ha regalato la mamma e... i denti sporchi. Già, perché quando sorride sembra tornato a casa, dopo aver trascorso un anno su un'isola deserta dove non ha potuto né lavarsi né deodorarsi.

Sto per sentirmi male. Non ditemi che gli ho pure dato un bacio a stampo, quando sono rientrata e non mi sono accorta della fiatarella che emanano le sue fauci in questo momento!

Era meglio se sposavo Tarzan.

Capitolo 4

Ore 4:00

Dalla camera da letto sento che in cucina c'è uno strano sferragliare di pentolame. Non mi alzo nemmeno. Nica avrà ancora fame, dopo essersi ingurgitata la pizza. Non sembra, ma è una che magna manco avesse digiunato per un mese. Deve essere colpa del concorso a cui ha partecipato e forse vuole rifarsi del tempo perduto.

Raso si gira e rigira, neanche fosse perseguitato dalle zanzare che, di certo, non ci sono, perché i nostri infissi sono attrezzati di zanzariera e in casa siamo dotati di deodoranti adatti a evitarne la presenza anche solo casuale. Si alza, dopo aver ballato quasi il Samba per una buona mezz'ora, facendo scattare le molle del materasso a ogni movimento. È stato come dormire su un letto ad acqua.

Penso non abbia neanche digerito.

Si reca nell'altra stanza. Lo vedo con la coda dell'occhio, dopo averli spalancati nella penombra della camera, in quanto dalla finestra di fronte al mio lato del letto filtrano le luci dei lampioni della strada. Ancora non è giorno. Osservo l'ora che segna la sveglia sul mio comodino e mi alzo.

So già dove lo troverò per cui, in punta di piedi, mi metto a spiarlo senza vergogna, ma molto curiosa di sapere cosa succederà nei prossimi minuti.

Nica sta armeggiando in cucina. Non so cosa stia combinando. Mi fermo nella penombra del salone, senza farmi notare, restando a un pelo dalla parete cui segue la cucina, mentre mio marito è andato a curiosare cosa combina la nostra ospite.

Sento friggere qualcosa e penso già che la casa puzzerà come un pub di terz'ordine. Ma chi le ha detto di mettersi in cucina durante la notte? Non era nei patti, porca miseria!

Vabbé, sorvoliamo. Se il piano funziona, potrei salvare il mio matrimonio.

«Tutto bene?» sento chiederle da mio marito, mentre lei si prende qualche secondo per rispondere.

Dalla postazione in cui mi trovo, non posso vedere la mise della ragazza, ma spero che abbia rispettato quanto le ho chiesto e non esageri troppo.

«Tutto magnificamente.» risponde Nica, in modo sintetico, anche se ho la sensazione che voglia far follie nella cucina di estranei.

«Hai bisogno di aiuto?» le chiede mio marito, in qualità di marpione. Me lo sarei potuta immaginare, tra l'altro.

«Ce la faccio da sola, grazie.» risponde la tipa che sembra stia preparando qualcosa che ha un odore di pesce.

Pesce? Non avevo in casa del pesce! Dove l'avrà tirato fuori? Forse ha preso qualcosa dal freezer in cui non avevo guardato?

Ora la cucina è infestata di puzza di pesce e già immagino lo sguardo da baccalà di mio marito innanzi alla scena che deve essersi trovato innanzi, mentre lei spadella qualcosa a me sconosciuto.

La ragazza, probabilmente, indossa un baby doll. Le ho chiesto fosse casto, spero abbia seguito le mie indicazioni, non potendola controllare. Lui, invece, indossa una t-shirt bianca anonima sui... sui... un momento, è andato in cucina in boxer???

È impazzito!

Sbuffo nel silenzio di un salone che si sta inquinando. La puzza di pesce raggiungerà tutta la casa. Devo chiedere a mia madre di prestarmi la sua colf. Come farò a pulire? La mia manicure si rovinerà!

«Hai fame anche dopo la pizza?» le chiede mio marito che deve essere rimasto imbambolato innanzi a lei.

«Sì, avevo voglia di mettermi ai fornelli. Sono mesi che faccio la fame per via di un concorso al quale mi ero iscritta senza alcun successo.» rivela Nica, allargandosi un po' troppo. Ma perché ora parla del concorso? Quello è avvenuto in Italia. Io ho detto a mio marito che lei arriva da Milano... o da Hong Kong? Non ricordo più! Sono già in confusione.

Che cosa sto combinando? Come mi è venuta in mente un'idea tanto assurda? Se Rasoio dovesse scoprire che è tutta una farsa, potrebbe prendersela davvero a male!

«Che concorso?» le chiede, infatti, come prevedevo.

«Ah... niente di importante.» divaga lei, per fortuna. «È pronto! Ti va di farmi compagnia?» passa a chiedergli e, prima che possano spostarsi in salone dove c'è il tavolo, torno in camera da letto per evitare che mi scoprano a origliare.

Il giorno successivo, decido di passare la mia pausa per il pranzo allo studio degli avvocati, perché devo smaltire qualche pratica con cui sono rimasta indietro e lì ricevo una telefonata inconsueta o almeno così sembra, in un primo momento.

Mia madre.

«Ciao mamma, come va?» le chiedo subito. «Cosa fai di bello?»

La sua voce al cellulare ha un tono completamente diverso da quello che ho sempre conosciuto, quasi non mi sembra lei a parlare.

«Ceretta mia!» esordisce, prima di arrivare al punto. «Non immagini cosa sia successo!»

«Cosa?» le chiedo, dubbiosa e con un filo di voce. Mi sto per aspettare la qualunque da una madre bizzarra che ha la mania dell'estetica come me o forse anche di più. Forse ha discusso con mia sorella Lucilla o forse c'è qualche inciucio che non mi ha raccontato, perché è fresco di infarinatura. «Stamattina sono stata a casa tua e ho trovato tuo marito in compagnia di un'altra donna!»

Sorrido e so che i lineamenti del mio viso si distendono.

«Sì, lo so, mamma. È una mia amica, non ti preoccupare.» la rassicuro subito. «Si chiama Veronica, è carina, vero?»

«Ma cosa fai, tesoro mio? Ospiti una ragazzona del genere a casa tua con un uomo che sembra una sogliola in padella?»

«Stai tranquilla, mamma. È tutto sotto controllo e a Raso piace. Non mi ha rimproverato per l'imprevisto.»

«E ti doveva pure rimproverare?» chiede, ironica. Già me la immagino nel suo completo bianco, camicetta in raso e gonna severa che le cade su misura fino ai polpacci.

Mia madre è bionda come me. Naturale, ovviamente. Ha gli occhi azzurri e i lineamenti di una ragazzina. Mi ha partorito quando aveva solo venti anni, per cui ora che io ne ho trentaquattro, lei ne ha appena compiuti cinquantaquattro.

Mio padre Lorenzo, invece, ha cinquantasei anni e si è innamorato della mamma al primo sguardo.

Si trovavano a Castel Gandolfo. Mi raccontano sempre il loro primo appuntamento. Erano compagni di liceo, anche se non nella stessa classe. La loro meravigliosa storia d'amore è stata di grande esempio per me e Lucilla, peccato che nessuna delle due sembra aver concluso al momento qualcosa di buono. Io ho i problemi che ho con mio marito e mia sorella, che è più giovane di un anno, ha deciso di restare single dopo una terrificante delusione amorosa a seguito di una storia durata circa dieci anni.

No, dico. Dieci anni.

Ho il terrore che possa capitare anche a me, perché sono insieme a Raso da nove anni. Ce ne manca ancora uno per capire se faremo la stessa fine. Ad ogni modo mi sono data un tempo. Se entro i trentotto anni non partorisco qualcuno, lo lascio. Anzi, no... devo essere previdente. Aspettare tanto sarebbe un suicidio biologico e l'orologio che è in me potrebbe risentirne o non essere affatto d'accordo.

Se Rasoio non mette la testa a posto entro i miei trentasei anni, lo lascio. Ho deciso. Lavoro e figlio sono le nostre priorità. Anzi, direi, forse, più le mie che le sue, ma non posso più aspettare. Non posso più concedergli altro tempo. Non posso. Non voglio. Non devo.

Lucilla mi ha sempre sostenuta. Anche quando a papà non piaceva l'idea che Rasoio non avesse un posto fisso, sicuro, tranquillo, definitivo, in grado di assicurare alla sua famiglia, io al momento, una serenità economica decisiva per mettere in cantiere un marmocchio. Invece no. Niente lavoro e niente marmocchio. Anzi, ora che ci penso... è passato quasi un mese da quando... da quando... oh... non posso crederci!

Quasi un mese che non si batte chiodo? Da cosa dipenderà?

La sua pigrizia e inconcludenza? Troppe partite di calcio? Troppe indigestioni? La mancata depilazione che mi ha fatto scendere la libido sotto le suole delle scarpe? La noia? Il deperimento fisico? Eppure sta benissimo! Mangia come un leone e dovrebbe essere in forze, invece... non si balla lo Zumba da tempo. Sembriamo una coppia già attempata. Una di quelle in pensione che guarda l'altro e si chiede: "Perché l'ho sposato? E quando è successo esattamente? È avvenuto senza il mio consenso?"

Pensare che queste domande me le faccio già quando lui si volta dall'altro lato del letto. Un letto diventato freddo. In estate può essere pure piacevole ma, umanamente parlando, forse è meno piacevole di quello che si pensa.

«Tesoro, ci sei?» la mamma sta ancora parlando, ma da sola. Devo avere smesso di ascoltarla da qualche minuto. Chissà cosa mi ha detto nel frattempo!

«Sì, ci sono.» rispondo e ho l'improvviso timore che abbia potuto rovinare il mio piano, per cui le faccio la domanda più logica, in quel momento. «Mamma, quanto ti sei intrattenuta a casa? Hai parlato a lungo con Raso? Cosa gli hai detto della ragazza?»

Ho una raffica di domande che lei, probabilmente, non può capire, ma ho bisogno di sapere se mia madre ha detto a mio marito che Nica NON è una cugina arrivata da Hong Kong. Mi avrebbe fatto saltare, in questo modo, tutto il programma anche se, a pensarci bene, se fosse accaduta una cosa del genere, avrei ricevuto una sua chiamata per avere spiegazioni.

«Ceretta cara, ma cosa ti prende? Ti sento agitata e nervosa.» dice la mamma, temporeggiando e facendomi preoccupare oltre il dovuto.

«Mamma, rispondi alle mie domande, per favore!» cerco di incalzarla, senza risultare sgradevole o troppo avventata.

«Ho bussato al campanello e mi ha aperto quella ragazzona ma, prima ancora di vedere tuo marito che ho sentito nell'altra stanza, me la sono data a gambe levate, perché non volevo che mi vedesse!»

«Bene.» commento, sicura di me e tiro un sospiro di sollievo. «Ora devo lasciarti, mamma. Ho da fare, scusami.»

«Ma ancora non mi hai detto chi è quella signorina!» protesta, sperando che assedondi la sua curiosità. Lo so, ne ha tutto il diritto, ma non posso permettere a mia madre di raccontare a mio padre ciò che sto combinando a casa con mio marito. So già che mi aspetterebbe una predica lunga quanto una litania e vorrei evitarla. La mamma spifferebbe a papà ogni cosa in un nano secondo. Poi lei è una casalinga che non si occupa veramente della casa, perché ha una colf peruviana pronta a servirla e riverirla, quindi non ha niente di meglio da fare che inciuciare come crede anche intorno alle problematiche nelle quali sta affogando il mio matrimonio. Non posso dirle niente.

«Ora devo andare, mamma, l'avvocato mi chiama!» dico, trafelata, chiudendo rapidamente la comunicazione allo smartphone.

Uff!

Ce l'ho fatta!

Naturalmente nessuno mi sta chiamando, ma dovevo trovare una scusa qualunque per chiudere la conversazione in modo decente e dignitoso.

La mia situazione affettiva e personale è diventata una battaglia contro il tempo: quello che scandisce i giorni in cui io e mio marito non abbiamo fatto cigolare il letto, quello entro il quale mio padre non deve assolutamente venire a sapere che Raso è ancora disoccupato, quello che mi deve evitare di dargli delle spiegazioni e quello in cui Nica dovrebbe riuscire nel suo intento. Almeno spero.

Ora mi sto seriamente preoccupando. Un uomo che non fa *zum zum* con la mogliettina da circa un mese è palesemente soggetto a cedimento strutturale fisico e fisiologico, innanzi alle curve di una ragazzona tutta tette e culo?

Oh cavolo!

Devo andare immediatamente a casa a controllare la situazione!

Capitolo 5

Il giorno dopo

«Che cosaaa?»

Mia sorella Lucilla ha appena fatto la tinta. Questa volta ha voluto diventare rossa. Non si capisce bene il motivo. Un rosso acceso che è un pugno in un occhio, ma non le dico niente. Dice che aveva bisogno di cambiare look.

I suoi capelli naturali sono castano chiaro. Gli occhi azzurrissimi come tutti in famiglia e la carnagione di porcellana. Un anno in meno di me che non si nota affatto. Lei non sembra avere trentatré anni, ne dimostra molti meno e non esagero.

È magrissima. Un grissimo. Mangia di tutto, ma non ingrassa, un po' come il mio Rasoio, ma con la differenza che lei si depila da quando è diventata signorina a dodici anni.

Il suo monolocale è accogliente, per quanto piccolo. Questa è stata una sua scelta, per decidere liberamente della sua vita.

Lucilla ha studiato all'Accademia delle Belle Arti. Voleva fare la pittrice e ci è riuscita. Nostro padre era contrario dal primo momento. Lui voleva per lei un futuro da impiegata nella filiale bancaria in cui ha fatto carriera. Invece no. Lei è stata più testarda di lui e tanto ribelle da riuscire a trovare un lavoro da cameriera a vent'anni e andarsene di casa. Voleva essere libera.

È indipendente da più di tredici anni, ormai. Se la passa bene e siamo tranquilli in famiglia. La mamma l'ha sempre spronata a fare ciò che voleva, malgrado questo avesse comportato uno scontro con il marito, ma la felicità della sua piccola è sempre stata più importante di qualunque cosa.

Naturalmente abbiamo fatto da mediatrici, io e mia madre, tra Lucilla e papà Lorenzo che non si sono parlati per molto tempo. Le cose poi si sono messe bene, quando mia sorella ha ottenuto quanto voleva: una mostra in un noto museo di Parigi prima e una a Milano, mentre cambiava lavoro per mantenersi agli studi e nel suo monolocale.

Ora è una pittrice che fa anche la cassiera part-time in un supermercato del centro. Riesce a conciliare le due attività e soprattutto a sopravvivere. È felice e noi con lei.

Papà Lorenzo le ha perdonato qualunque cosa, quando è uscita distrutta dal rapporto amoroso con Luca che era durato dieci lunghi anni. Lo aveva conosciuto all'Accademia. Sono stati inseparabili per tanto tempo, al punto che tutti credevamo al coronamento del loro amore, invece no. Lui l'ha tradita e lei lo ha lasciato. Dopo dieci anni.

Sono seduta sul suo divano dal tessuto di un verde militare, ormai vecchio e infeltrito. Un colore orrendo, secondo me, ma non volevo fare la schizzinosa, per quanto io le dica di cambiarlo e mi sia offerta più volte di regalargliene uno nuovo, di quelli che hanno il doppio letto. Lei è testarda. Se lo vuole comprare da sola e a questo ci è pure affezionata. Mi ha offerto una coppa di gelato. Oggi faccio uno strappo alla regola, vado matta per la stracciatella, non potevo rifiutarlo.

È seduta con le gambe incrociate accanto a me e la sua coppia di gelato tra le mani. Ha lo sguardo sollevato di chi è un po' stralunata e alquanto allibita e attende che le racconti quanto sto combinando con Rasoio.

«Lucy, è soltanto un esperimento.» dico per tranquillizzarla anche se so che, in molte occasioni, mia sorella potrebbe risultare più matta di me.

«Stai giocando con il fuoco, secondo me.» dice, senza mezzi termini.

«Perché?»

«Perché non scopate da un mese!» esclama, rincarando la dose e senza trattenere la sua decisa e schietta espressione linguistica.

«Diciamo che... non mi ricordo con sicurezza, ma credo di aver fatto bene i conti.» ammetto, abbassando lo sguardo, sebbene il gelato si stia sciogliendo, perché me ne ha messo una quantità smisurata nella coppetta in vetro che ha tirato fuori dalla dispensa e l'ho appoggiato sul tavolino in centro sala.

«Peggio ancora!» esclama Lucilla. «Ho sempre pensato che tu saresti stata quella più oculata nella scelta di un uomo. Che il tuo matrimonio sarebbe andato a gonfie vele, ma ora mi sto ricredendo.»

«Se andiamo avanti di questo passo, Raso sarà costretto a fare le consegne di fiori nel negozio della sua famiglia, anche se la sola idea gli fa rizzare tutti i peli di cui è cosparso il suo corpo.» asserisco, schifata alla sola idea. Dei peli, ovviamente.

«Capperi, non sei riuscita neanche a rasarlo in tutti questi anni. Ha più peli lui di uno scimpanzé in cattività!»

Annuisco, affranta.

Ha ragione. Che cosa devo dire?

Ho fallito su tutta la linea e solo l'aiuto di Nica, forse, potrebbe mettere le cose al loro posto o far finire definitivamente il mio matrimonio. Credo di aver fatto una cavolata ma, ormai, è andata.

Quando ieri sera sono tornata a casa, l'ho trovata a pulire il pavimento coperta solo con una t-shirt chiara che le arrivava all'inguine e mostrava accuratamente le mutandine rosa a fantasie gialle a Rasoio, spaparanzato sul divano e con una bibita fredda tra le mani.

Quest'ultimo pareva non aver mai visto una donna in vita sua!

Ma dico... e io? Io che sono sempre a sua disposizione, in ogni senso, e indosso completini sexy e altamente costosi, io che sono sempre pronta ad assecondare le sue voglie e non capisco il motivo per il quale non mi tocca da un mese, assisto alla caduta della nostra libido di coppia a cui non ho manco consegnato un paracadute.

«Per curiosità, quanto hai pagato Nica per sostituirti e far capire a tuo marito, dopo averlo abbordato, che deve cambiare?» mi chiede e ora sono in imbarazzo, perché devo confessarle di aver esagerato, mettendo mano ai miei risparmi.

«Le ho offerto mille euro per stare a disposizione una decina di giorni.» confesso, prima di chiedere: «Secondo te, ho esagerato?»

Lucilla sta ultimando il suo gelato e appoggia la coppa sul tavolino, prima di commentare.

«Direi che stai investendo dei soldi in modo strambo, ma se pensi che possa funzionare...»

«Il piano è semplice: lei lo conquista, ma non gli si concede, perché deve fargli capire che sono una moglie esemplare e deve trovarsi un lavoro degno di me per metter su famiglia.» le racconto, prima che si faccia tardi e io debba tornare allo studio, in quanto la mia pausa pranzo finisce nel giro di mezz'ora. Per fortuna che mi sposto in auto!

«Speriamo che lei non ceda al fascino di tuo marito!» esclama mia sorella, ridendo divertita, ma so che mi sta prendendo in giro e ha capito quanta fatica io stia facendo per superare brillantemente la mia situazione familiare. Sono convinta che Nica non cederà. È troppo bella per farsi intortare da uno che va in giro per casa in pantaloncini macchiati di sugo o in boxer vecchi di settimane!

«Ma come vuoi che ceda una ragazza tanto figa davanti a un uomo che sa di deodorante al Ginseng ed è ricoperto da un tappeto persiano!» aggiungo. «Se Raso sbottona un po' la camicia o si toglie la t-shirt, lei potrebbe rimanere traumatizzata per un bel po', te lo assicuro! Non credo che esista al mondo un altro esemplare di maschio tanto somigliante a una scimmia appena scappata dallo zoo.»

Lucilla ride senza riuscire a smettere, mentre mi alzo per andarmene. Almeno abbiamo passato un po' di tempo insieme dato che, ultimamente, ci vediamo poco a causa degli impegni di entrambe.

Le scocco un bacio sulla guancia e me ne torno a lavoro. Ho un sacco di cose da fare oggi e non ho neanche il coraggio di chiamare a casa, per sapere che è tutto a posto, anche se ho scritto prima un messaggio in chat a Nica per conoscere le ultime novità e mi ha risposto che *il pollo è in cottura.*

Direi che è stata fin troppo cortese a definire mio marito.

Quando torno a casa, intorno alle sette di sera, mi ritrovo innanzi a una scena raccapricciante.

Nica sta cucinando non so cosa e indossa un grembiule che non ho idea da dove sia sbucato fuori. Sta rivolgendo le spalle a mio marito e a me che arrivo dal salone ed è completamente nuda.

Il grembiule è stretto in vita, sul di dietro, da un nodo leggero e le sue chiappe bianche sono esposte davanti a mio marito che è appoggiato alla parete a volta dalla quale si accede alla cucina.

È pallido e ha l'espressione intontita di un pesce che ha appena abboccato all'amo, mentre gli occhi sono lucidi e un po' scavati, quasi avesse passato una notte insonne.

Ci credo!

Appoggio la borsa sul sofà del salone e li raggiungo, dopo essere rimasta senza parole, innanzi a quella scena.

Credo che lei stia davvero esagerando. Non solo sta prendendo il mio posto, ma si è anche denudata come se niente fosse... cioé, ha le chiappe al vento, innanzi allo sguardo smarrito da povero cucciolo traumatizzato di mio marito! Credo che lui abbia perso l'uso della parola e avrà bisogno di qualche seduta presso lo studio di un bravo psicoterapeuta per riprendersi del tutto. Terapia che, ovviamente, se lui non lavora, dovrei pagare io.

No, faccio prima a lasciarlo, a 'sto punto!

«Ra... ra-ga-zzi... come va?» balbetto, cercando di far finta che la situazione sia assolutamente normale. Ho lo sguardo rapito dalle chiappe nude di Nica e credo di aver cambiato colorito.

Mi avvicino a Raso e lo vedo in trance, gli passo una mano davanti agli occhi e neanche la vede, anzi... neanche *mi* vede!

Nica si volta, sorridente e compiaciuta, mentre impugna da una mano un mestolo in legno e dall'altra la padella nella quale sta friggendo delle patatine surgelate.

«Ciao cuginetta, bentornata!» mi accoglie, mentre noto che sul grembiule c'è scritto a caratteri cubitali "Nun ce pensà, va' a scopà!"

Deglutisco.

Ho lo stomaco sottosopra. La fame mi è passata.

Nica ha i capelli sciolti ed è super sexy. Per fortuna, voltandosi, risulta coperta per intero dal grembiule, anche se sappiamo bene che è nuda sotto di esso, in quanto anche ai lati del suo indumento casalingo le tette sembrano strabordare. Direi che ha una quarta abbondante e non sa neanche contenerla come si deve!

Credo che la mia faccia attonita parli meglio di me, ma devo farmi coraggio e rispondere. Farmi vedere disinvolta da mio marito, anche se è emigrato in un mondo parallelo, ormai.

«Tutto bene. Che cosa si mangia di buono stasera?» chiedo, nel tentativo di cambiare rapidamente argomento. Ho quasi paura a dire la parola sbagliata in un momento inopportuno come questo.

'Sta ragazza ci ha denudati di ogni difesa immunitaria!

«Hamburger e patatine!» esclama lei, intanto, facendomi notare che sul banco della cucina c'è una grossa confezione di hamburger altrettanto surgelati.

Wow!

Qualcuno qui ha fatto la spesa oggi! Si sono proprio sforzati in due a preparare quattro patate e un po' di carne al fuoco... e direi che di carne ce n'è tanta oggi da arrostire!

«Fantastico!» dico, sollevando il pollice per togliermi dall'imbarazzo di assentarmi un attimo nell'altra stanza, mentre mio marito avrà bisogno di una bombola per l'ossigeno, perché non lo vedo neanche respirare.

Gli appoggio una mano sulla spalla ed è duro come uno

stoccafisso. “È dura solo la spalla?” mi sto chiedendo in questo momento e automaticamente abbasso lo sguardo lì dove so che dovrei trovare qualcos'altro di duro... anzi... c'è un gonfiore abnorme che si è appena fatto spazio nelle sue brache. Ha praticamente *il bastone della vecchiaia* dritto come un passaggio a livello!

«A... a-m-o-r-e... amore... tutto beneeee?» gli chiedo, orripilata dalla situazione e ben consapevole che anche Nica, a quel punto, deve essersi accorta del *piccolo inconveniente*.

Credo proprio che abbia esagerato! Cosa pensava? Che quest'uomo fosse fatto di marmo?

Rasoio ha le braccia incrociate sul petto e non dà segni di vita, si è incantato su Nica che, intanto, per peggiorare la situazione, ci sta dando nuovamente le spalle. Deve continuare a friggere le patatine, ma mi rendo conto che, in questa casa, ci siano troppe *patate* e mio marito non regge il confronto.

Lo sto scuotendo per risvegliarlo dallo stato di ipnosi in cui è caduto, nella speranza di condurlo in camera da letto a riprendersi, anzi... nel suo caso, direi *ad ammosciarlo*.

Volge lo sguardo su di me per chiedere, quasi mormorando: «Vedi anche tu quello che vedo io?»

In quel modo mi rendo conto che ha di nuovo puntato le chiappe della nostra amabile ospite, senza accorgersi che il suo *amico* nei pantaloncini sta sventolando bandiera bianca da un'asta dalle proporzioni disumane!

Capitolo 6

Il mio piano sta funzionando!

Ancora non posso crederci.

Stanotte io e il mio Rasoio abbiamo ripreso la nostra attività fisica, dopo troppo tempo che ci eravamo lasciati andare alla pigrizia. Mentre Nica dormiva sul sofà in salone dove so che deve averci sentiti, in quanto l'appartamento è piuttosto piccolo, il mio scimpanzé preferito si dava un gran da fare tra le mie cosce e la cosa più piacevole è stata vederlo lasciarsi andare come se stessimo ballando lo Zumba per la prima volta in vita nostra.

L'unico momento bizzarro e alquanto imbarazzante è stato quando ha cominciato a gridare, preso da uno spasmo crescente che sembrava averlo rincoglionito di botto: «Friggo, friggo... friggo, friggooo... friggo... friggo, friggo... friggooo...oooh... oooh... oooh... ohhh...», prima di emettere suoni piuttosto inappropriati e di diventare un animale pronto a uscire dalla gabbia in cui si era rintanato da un pezzo.

Per assecondarlo ho urlato, nell'incertezza e a intermittenza: «Sì, ancora... friggi ancora, friggi bene, friggi, friggi, sì... sì, friggi, friggi bene... friggiii, friggiii, friggiii, friggiii... ah... sì... sì... sì... sì, friggiiiiiii...»

La mattina successiva quell'uomo mi è sembrato già un altro. Si è alzato prima di me, mi ha scoccato un bacio sulla fronte, è andato a farsi una rapida doccia ed è uscito, anche se non ho la più pallida idea di dove sia andato.

Quando mi sono recata in cucina per preparare il caffè era già pronta la colazione: caffè caldo in due tazzine, una per me e l'altra per Nica, toast abbrustoliti su cui poter spalmare burro e marmellata, cereali e latte.

Non potevo crederci.

Quando Nica mi ha raggiunto in cucina, ero ancora sottosopra, dopo la notte di fuoco che avevo avuto. Mi ha trovata in t-shirt e capelli scompigliati, neanche fossi tornata dal fronte.

Lei, invece, indossava una camicia da notte molto più composta.

«Buongiorno!» ha subito esclamato, facendomi l'occhietto. «E complimenti!»

Credo di essermi voltata con un'espressione da finta innocente e le ho chiesto: «Per cosa?»

Nica, dopo aver sorriso, divertita, risponde molto onestamente.

«Vi ho sentiti stanotte e ho pensato che la camera da letto avrebbe preso fuoco!»

Arrossisco e rido.

«Passiamo al piano B, vero?» chiede, cercando la mia approvazione. Sono passati circa tre giorni da quando è ospite a casa mia e direi che siamo anche in anticipo sulla tabella di marcia.

«Sì.» rispondo senza esitare, prima di recarmi in bagno.

Durante la giornata, penso di non avere notizie di mio marito fino a quando, a ora di pranzo, mi arriva un messaggio che dice: "Amore, preparati a mangiare fuori. Vengo a prenderti tra mezz'ora."

Guardo l'orologio e mi rendo conto che la mia pausa è cominciata da dieci minuti. Mio marito, forse, mi raggiungerà all'Eur in metro. Mi viene a prendere. Bene, ma magari useremo l'auto che è più comoda.

Raso è puntuale. Arriva tutto felice, in una camicia hawaiiana che ha poco a che fare con la calura estiva della capitale e pantaloncini color cammello che credo di vedere per la prima volta, in quanto non ricordo li abbia mai indossati.

Mi stampa un bacio sulle labbra e sorride. Si mette alla guida della mia auto e mi porta in un ristorante molto elegante che si trova vicino al Colosseo.

Sono sorpresa da questo cambiamento improvviso e mi sto chiedendo cosa sia successo, nel frattempo.

Possibile che sia stato tutto merito delle chiappe di Nica? Le chiappe sono diventate la soluzione a ogni mio problema, a quanto sembra, ma sento che qualcosa bolle in pentola. Non mi convince il suo comportamento, ma fingo di non capire.

Al ristorante ci servono una carbonara, un secondo di bistecca ai ferri e insalata innaffiati da buon vino rosso e, per concludere in bellezza, un classico tiramisù. Sono piena, quando sorseggio ancora un po' di vino, prima di chiedere il conto che, di certo, dovrò pagare io, invece no. Mi sorprendo. È lui a mettere mano al portafogli.

Centocinquanta euro. Netti.

Peccato che l'atmosfera venga disturbata da una frase che si rivela infelice, a fine pranzo.

«Amore, sono in un momento davvero importante della mia vita.» premette. «Potrei dare una svolta alla nostra situazione, se mi dessi una mano.»

«Di che cosa si tratta, pelosetto mio?»

Raso si schiarisce la voce, prima di riprendere a parlare e sento che sta per dirmi una cavolata stratosferica. Lo conosco, quando è in imbarazzo anche con sua moglie, qualcosa non va davvero liscio come l'olio.

Nella sua vita, comunque, niente è risultato realmente *liscio*, se vogliamo dirla tutta.

«Un cliente di mia madre vuole vendere il suo night club alla Garbatella e mi ha chiesto se sono interessato a comprarlo.» dice tutto d'un fiato.

Cambio espressione. È impazzito, ma continua a vaneggiare, perché non lo interrompo a causa dello sbalordimento che mi ha colto impreparata.

«Costa solo duecentocinquanta mila euro. È davvero un affare e potremmo salvare anche i dipendenti... tutti! Non sarebbe magnifico? Diventerei il titolare di un club!»

Sono rimasta di sasso, ma cerco di riprendermi. Che cosa pensa? Che io abbia vinto alla lotteria o disponga di una cifra tanto stratosferica? Magari che mio padre sia in grado di aprirmi un mutuo *da paura*!

«Un night club?» ripeto per guadagnare tempo e riprendermi dall'amara sorpresa. «Uno di quei posti in cui le donne mezze nude si mettono a ballare attorno a un palo o qualcosa del genere per gli uomini e i clienti devono sborsare fior di soldi per bere un sorso?»

«Esatto!» esclama, contento.

Caspita, ho indovinato! Come sono brava e intelligente!

«Duecentocinquanta mila euro?» ripeto il prezzo.

«Esatto!»

Mi alzo da tavola, recupero la borsa e me ne vado, senza aggiungere altro. Che cosa c'è da aggiungere?

La sera a cena, a casa, siamo tutti e tre silenziosi. Poi, improvvisamente, Nica ha in mente di gettare le basi di una conversazione che prende una strana piega. Si rivolge subito a Raso, seduto a capo tavola, mentre io e lei siamo appostate una di fronte all'altra.

«Cera mi ha raccontato del night club.» esordisce e penso che, a questa commedia, manchino soltanto gli spettatori, poi saremmo al completo. «Mi sembra una cosa carina, anche se troppo costosa.»

Ah... ecco!

Stavo per chiederle da che parte si fosse messa, visto che da me ha preso già cinquecento euro d'acconto e deve avere l'altra metà in saldo, ma abbiamo ancora sei giorni di tempo per cambiare la situazione, forse.

Stiamo mangiando una cotoletta alla milanese accompagnata da un piatto di spinaci al vapore. Oggi ho deciso di preparare un menù poco più salutare dei precedenti, per mettere un po' tutti a dieta.

Raso sembra indeciso. Non sa se rispondere o meno. In mia presenza sembra provi ancora uno strano imbarazzo a nominare il night club, dopo aver visto che l'ho lasciato al ristorante con il conto in mano.

«Sì, ma... forse il costo è eccessivo ed è meglio non rischiare.» conclude, assecondando la mia idea e sapendo bene cosa ne penso. Non ha bisogno che gli rivolga uno sguardo assassino per fargli capire che deve trovare un lavoro in cui i soldi glieli danno, non dove deve essere lui a investirli.

Sembra essere diventato persino ottuso!

«Credo che tu debba trovare una soluzione adeguata alla famiglia.» gli dice Veronica, lasciandolo basito. «Magari tua moglie desidera un bambino e non può permetterselo, se resta l'unica in casa ad avere uno stipendio regolare, non credi?»

Giustissimo!

Noto che Raso annuisce e consuma la cena, tenendo lo sguardo basso. Sembra quasi rassegnato al suo destino da disoccupato inconcludente. Poi si rivolge alla nostra ospite quasi colto da un pensiero brillante, in quanto sono certa che brilli solo nella sua *capoccia*!

«Nica, tu che fai la modella e arrivi da Hong Kong e magari hai dei soldi da parte, non potresti farci un prestito che...»

«Che cosaaa?» lo interrompo, appoggiando il tovagliolo in tessuto sul tavolo, perché odio usare quelli di carta, sono tremendamente esigente in questo e in molti altri sensi. Mi alzo senza aver finito di cenare, perché non ce la faccio a starlo ancora a sentire.

Rasoio solleva le mani in segno di resa e si alza, allo stesso tempo.

«Va bene, va bene, scusami... non ne parlerò mai più!» si difende, per invitarmi a prendere di nuovo posto, ma la fame mi è del tutto passata.

Lo faccio, anche se non ne ho più voglia, perché mi rendo conto che la cosa migliore, in questo momento, è rintanarsi in camera da letto a muso duro e con l'espressione altamente offesa.

Nica sorride e cerca di darmi man forte, di aiutarmi a modo suo. È questo il suo compito. Altrimenti, che starebbe a fare da giorni a casa mia, mangiando, bevendo, dormendo e spaparanzandosi ovunque, totalmente gratis?

«Raso, qui nessuno può aiutarti, perché devi essere tu a prendere una decisione.» osserva la nostra ospite, dopo averci visti riprendere posto. «Trovare un lavoro serio e definitivo è tutto ciò che vi serve per essere felici. Io... non vorrei un marito fannullone, se devo essere sincera.» conclude.

Raso ha lo sguardo illuminato, mentre la contempla e spero stia anche riflettendo su ciò che lei gli dice, sinceramente. In effetti, lo vedo annuire, ma non sono convinta che questa conversazione possa essere di aiuto fino in fondo.

«A lui piace... cambiare.» aggiungo io, tornando a masticare, arrabbiata e indispettita.

«Magari avrà voglia di cambiare anche moglie, no?»

«Ma cosa dici?» mi chiede, subito preoccupato dalla piega che ha preso la conversazione.

«Qui ne abbiamo una di riserva.» mi sbilancio, riferendomi a Veronica. «Sono certa che, quando mi sarò stancata di questa situazione, potrai contare su di lei.»

Raso si acciglia, confuso e sorpreso dalle mie parole, ma io rincaro la dose, voglio esagerare.

«Chissà che tipo di moglie sarebbe Nica per te!» mi domando ad alta voce. «Chissà se sarebbe disposta a sopportare ciò che è stato destinato alla sottoscritta!»

«Assolutamente no!» interviene prontamente la ragazza. «Il mio uomo deve essere un gran lavoratore e sapere il fatto suo. Non avrei mai la pazienza e la voglia di essere l'unica a portare la pagnotta a casa!»

Raso è rapito dalle parole di Nica.

"Buongiorno!" gli vorrei dire, ma lo penso soltanto. "Cosa credevi, cretino che non sei altro? Che una nuova moglie sopporterebbe una situazione come la nostra?"

Quale donna oggi vorrebbe un uomo da mantenere? Quale tipo di persona accetterebbe di far passare il tempo e invecchiare, in attesa che il suo uomo si dia una mossa per costruire una famiglia? Quale ragazza potrebbe incontrare questo stupidotto, dopo di me, e magari illudersi di trovare di meglio? Quale moglie di riserva sarebbe in grado di accettare una situazione tanto disagiata come la mia?

Credo che, ora come ora, nessuna vorrebbe essere al mio posto. Nessuna vorrebbe sostituirmi o anche solo fare le prove di una commedia come questa.

Nica si alza da tavola senza aver finito di cenare e inscena un ultimo intervento, prima di rifugiarsi in bagno.

«Un uomo vero si prende tutte le sue responsabilità e sa che il lavoro può dargli la dignità in grado di fargli mandare avanti una famiglia. Io vorrei soltanto un uomo così.»

Rasoio è rimasto di sasso.

Non si aspettava un discorso del genere da una tipa come Nica, ma era giusto che, finalmente, capisse quanto per ogni donna conti avere, al proprio fianco, un uomo con la U maiuscola e sono certa che questa bella ragazza non abbia finto poi così tanto, dietro mio pagamento, quando ha pronunciato le sue parole sull'argomento "uomo scansafatiche". Credo che lei sia davvero convinta di ciò che ha detto e spero che lui abbia recepito il messaggio che volevamo inviargli.

Capitolo 7

È tutta la notte che mio marito si rigira nel letto. Sta pensando, lo so. Sta riflettendo sulle parole di Nica o forse su ciò che deve fare della sua vita. Anzi, direi, della nostra.

Sono preoccupata, lo confesso, perché non so come comportarmi. Essere troppo dura è deleterio, invece diventare menefreghista come lui potrebbe soltanto peggiorare la situazione.

Sospiro. Non riesco a dormire. Lui non ha il coraggio di accendere la luce dell'abat-jour e parlare chiaro, magari chiedermi scusa o dire soltanto: "Da domani ci riprovo. Mi metto in carreggiata. Cerco un lavoro serio oppure torno da tuo padre. Ammetto i miei errori o magari vado al negozio di fiori dei miei." Invece non parla. Non dice niente. Non mi sfiora e so che devo lasciarlo da solo con se stesso, malgrado sia accanto a me.

Il giorno successivo mi rendo conto che Rasoio è uscito di nuovo presto e mi chiedo cos'altro devo aspettarmi, ma non ci voglio pensare.

Tra pochi giorni Nica andrà via. Forse siamo riuscite nel nostro intento o forse ogni speranza è andata in fumo, ma almeno potrò dire di averle provate tutte. Oggi, però, sono impaziente. Sto soffrendo. Ho paura. Non ho notizie del mio Rasoio che, detta così, da una che si chiama Cera, soprannominata Ceretta, perché perfezionista incallita e rompiscatole, forse farebbe un certo effetto a chiunque, ma sono comunque preoccupata. Almeno fino a quando qualcuno mi chiama al cellulare.

Ancora mia mamma. Che cosa vorrà stavolta?

«Dimmi, mamma.»

«Tesoro, non sai cosa è capitato oggi!» rivela, allarmata.

«Cosa?» chiedo, curiosa, a quel punto.

«Raso ha chiamato tuo padre per chiedergli di lavorare nell'ufficio dove lo avrebbe caldamente raccomandato a un suo conoscente. Ricordi che papà era pronto ad aiutarlo?»

Non ci posso credere! Sta parlando sul serio?

«Mamma, non mi stai prendendo in giro, vero?» le chiedo, ancora incredula, ma sento il suo tono deciso ed eccitato. La conosco, non mentirebbe mai riguardo a una notizia tanto importante.

«Certo che no!» risponde, e penso che il mio piano sia servito a qualcosa.

«Ma ora dove si trova? Non mi ha detto niente.»

«Forse ti farà una sorpresa stasera a casa, ma ti assicuro che era più che deciso e tuo padre lo ha accolto ben volentieri nel suo ufficio. Mi ha chiamato subito dopo averlo salutato.»

Sono emozionata e felice. Ancora non posso crederci.

Raso si è finalmente deciso a mettere la testa a posto! Questa volta farà sul serio e mio padre lo sistemerà come si deve, lo sento. Andrà tutto per il meglio e forse, il prossimo anno, in questo periodo, potremmo davvero mettere in cantiere il nostro primogenito.

La nostra situazione economica migliorerà e staremo bene. Forse il lavoro di Nica può dirsi persino terminato prima del tempo, ma per esserne sicura devo attendere questa sera. Mio marito dovrà pur parlarmi di quello che ha fatto tutta la giornata di oggi!

Chiudo la comunicazione con mia madre, speranzosa e più serena.

Quando la sera torno a casa, intorno alle sette, come al solito, saluto con un «Ciao, ragazzi!», ma nessuno mi risponde.

Strano.

Mi addentro nell'appartamento alla ricerca di Nica e di Raso, ma non ci sono. Nessuno dei due!

Che fine avranno fatto?

Sto facendo mille ipotesi e ho tanti dubbi. La paura che Nica abbia spiattellato tutto a Raso si sta facendo largo in me così come l'idea che, invece, lui l'abbia mandata via o magari che lei abbia avuto qualche altra bizzarra iniziativa.

Decido di chiamare mio marito al cellulare, per assicurarmi che vada tutto bene, perché non ho sue notizie da quando è uscito di casa molto prima di me.

Squilla. Bene.

Resto in attesa.

Attesa inutile.

Qui sta succedendo qualche altra cosa.
"Già, ma cosa?" mi chiedo.
Decido di scrivere in chat a lei, perché lui non risponde e mi sto allarmando.

"Ciao Nica. Sono appena tornata a casa,
ma non vi ho trovati. Dove siete?"

Dovrebbe rispondere. È pagata anche per fare il resoconto di ciò che combina, dopotutto. Non mi resta che attendere la risposta. Arriverà. È questione di minuti.
Mi sposto in camera da letto dove comincio a spogliarmi per andare a fare una bella doccia. Sono veramente stanca. Stare fuori tutto il giorno è pesante.
Prima di entrare nella cabina della doccia, controllo di nuovo il display dello smartphone. Nessuna risposta da parte di Nica.
Sbuffo. Intanto vado a lavarmi, poi deciderò cosa fare. Magari chiamerò le forze dell'ordine: che lei lo abbia rapito? O magari il contrario? Sono arrivati gli alieni? Sono scappati insieme? Mi stanno facendo uno scherzo? Lei ha deciso davvero di partire per Hong Kong e di portarsi dietro mio marito? Lui ha deciso che *la moglie di riserva* è meglio della *titolare*?
Sto pensando a qualunque cosa.
Va bene. È il caso di calmarsi. Vado a lavarmi che puzzo come un cammello nel deserto.
Avere loro notizie dovrebbe essere solo una questione di tempo. Mio marito dovrà ritirarsi a casa a dormire o no?
Mezz'ora dopo, sono in accappatoio a fare mille congetture in camera da letto. Cellulare in mano e dubbio amletico: chiamo la polizia o mio padre? Non so quale delle due opzioni sia peggio. Dichiarare la scomparsa del marito o chiedere a mio padre se sa che fine ha fatto? So già cosa mi risponderebbe. "Non sai tenerlo nemmeno a bada!" e la cosa peggiore è che avrebbe pure ragione. Lui ha sempre avuto ragione, su tutta la linea. Tutti i genitori hanno ragione. Sempre. Non c'è niente da fare.
Non possono evitare ai figli di sbagliare, ma li mettono in guardia, per aiutarli, per far ritrovare loro la retta via, per confezionare loro una vita migliore, per sognare insieme un futuro dignitoso e sereno. Questa è la loro missione e il loro modo di amare. Spetta sempre ai figli la decisione di seguire i consigli o

ignorarli. Spetta a noi figli far capire ai genitori che abbiamo bisogno di sbagliare per imparare, perché la vita non segue sempre un sentiero perfetto, a volte è irto di ostacoli e scosceso. Tocca a noi percorrerlo meglio che possiamo, anche sbagliando o facendo un passo indietro e poi un giorno dicendo a uno dei due, alla mamma o al papà: "Avevi ragione tu!" e penso che Raso abbia fatto questo oggi. Ne sono contenta e orgogliosa. Tornare sui propri passi, riconoscere i propri errori, chiedere aiuto e compiere un gesto amichevole verso una persona che si è ignorata deliberatamente, gli fa onore.

Sono tranquilla e decido di scrivere un messaggio anche a lui.

"Ciao amore. Ho saputo dalla mamma che oggi sei stato in ufficio da mio padre. Spero che vada tutto bene. Sono orgogliosa di te."

Non ho aggiunto frasi del tipo "Ti aspetto a casa", né ho fatto domande del tipo "Dove sei?" o magari "Sai, per caso, dov'è Nica?" o ancora "Dove siete andati tutti e due?"

Devo stare tranquilla. Andrà tutto bene. Me lo sono ripetuto per buona parte del pomeriggio e sono convinta che questa sensazione sia fondata.

Decido di prepararmi qualcosa da mangiare. Ho fame. Magari mi faccio un uovo al tegamino. Sempre che in casa ci siano le uova! Non so se qualcuno si sia degnato, durante la giornata, di fare la spesa, ma darò un'occhiata in frigo con la speranza di trovare tracce di *aggiornamenti*.

Perfetto! Le uova ci sono.

Ho appoggiato il cellulare sul tavolo del salone. Se squillasse, lo sentirei, ma ora preferisco prepararmi la cena e poi coricarmi, malgrado la preoccupazione di pensare quei due già su un'isola dei Caraibi, alla faccia della sottoscritta.

Che cosa ho fatto di male da meritare da parte loro questo comportamento? Me lo chiedo per il resto della serata e alle dieci e mezza decido di ritirarmi in camera da letto.

Il cellulare sul comodino sembra essersi addormentato prima di me. Non mi dà segni di vita. Non mi arrivano neanche notifiche dai social network ai quali sono iscritta. Strano.

Questa notte sarà lunga, me lo sento. Non chiuderò occhio o forse sì, perché sono talmente stanca che non riuscirò ad aspettare di sapere come va a finire questo capitolo della mia vita.

Mi rivedo in una stanza che ha l'illuminazione scarsa di un solo faretto. Sono sola. Seduta su una sedia in attesa non si sa bene di cosa. La stanza non ha neanche una finestra. Non c'è mobilio. Solo io e la sedia su cui sono seduta. Non so se sia giorno o notte. Non sento nessuno provenire dalla porta. Nessuno ad aprirla ma, improvvisamente, mi arriva all'udito l'insistente ticchettio di un orologio a cucu. Vecchio. Antico. Obsoleto. Invisibile, perché le pareti sono bianche e completamente spoglie. Da dove proviene il rumore prodotto dalle lancette dell'orologio che sento?

Non ne ho proprio idea e cerco di farmi forza. Devo alzarmi per aprire quella porta. Devo sapere dove mi trovo e cosa sto facendo. Cosa sto aspettando. Che tipo di posto è quello? La porta non si apre. Sono in trappola. Mi manca il fiato e ho paura. Che cosa succede? Dov'è Raso? Dov'è? Dove si...

Mi sveglio di soprassalto. Era un incubo.

Mi guardo attorno e sono nella mia camera da letto. Mi sono addormentata con la luce dell'abat-jour accesa. La casa è ancora silenziosa e terribilmente vuota.

Sposto lo sguardo sulla sveglia che mi segna mezzanotte sul comodino e mi allarmo. Non sono ancora tornati.

Ora ho le prove. È troppo tardi. È sicuramente successo qualcosa!

Mi alzo, ma so che è troppo tardi per chiamare i miei genitori. Staranno dormendo. Rischio di metterli in allarme senza un reale motivo, anche se mio marito a mezzanotte non è ancora rincasato ed è tutta la giornata che non lo vedo né ho sue notizie.

La polizia per una denuncia di scomparsa ha bisogno di almeno ventiquattr'ore, che io sappia. Devo aspettare domani. Per forza. Non ho altra scelta. Se non avrò notizie dei due entro le otto di mattina, potrò dare l'allarme. Dichiararmi ufficialmente tradita e abbandonata oppure vedova.

Che li abbiano sequestrati? Già, ma nessuno mi ha chiesto un riscatto. Non ho ricevuto messaggi strani o anonimi. Non so più che cosa devo pensare.

Mi alzo per prepararmi una camomilla, anche se qui ora avrei bisogno di un bel sedativo da cavallo per dormire tranquilla.

Sto ticchettando le dita sul piano in marmo scuro della cucina quando, improvvisamente, sento qualcuno aprire la porta.

La serratura scatta e sento le loro voci.

Sono tornati!

Corro subito in salone dove accendo la luce e li sorprendo reggersi l'un con l'altro, ubriachi fradici che ridono come matti e non riescono neanche a stare in piedi. Mi vedono e si scompisciano dalle risate.

Nica indossa un abitino aderente argentato e luccicante, neanche avesse partecipato a una serata di Gala. Le calza a pennello e mostra in bella vista il davanzale generoso che si ritrova. I suoi tacchi sono altissimi, supera persino Raso in statura. Quest'ultimo indossa una camicia bianca e dei pantaloni scuri. Si libera miracolosamente dei mocassini ai piedi e cerca di raggiungere il sofà sul quale crolla come un peso morto, mentre Nica si regge alle pareti di casa per raggiungere il bagno dove la sento vomitare.

Sono senza parole.

Capitolo 8

Il giorno successivo, prima di recarmi a lavoro alle sette del mattino, sono ancora in vestaglia in cucina dove cerco una spiegazione a quanto accaduto.

Rasoio dorme come un ghiro, mentre Nica si è alzata lamentandosi di un forte mal di testa.

"E vorrei ben vedere!" dico tra me e me, cercando di estrapolarle tutte le notizie che mi interessano.

Dove sono stati? Che cosa hanno fatto? Perché non mi hanno avvertita che sarebbeto tornati a casa tardi, per darsi alla pazza gioia?

Nica è a piedi nudi e indossa una t-shirt su cui c'è scritto "Fattene 'na ragione!" e non riesco neanche a rimproverarla. Vorrei soltanto capire. È assonnata e spettinata. Ha il viso tanto stravolto che sembra uscita da una centrifuga. Due occhiaie come le sue sarebbero viste male da qualunque persona. Altro che modella! Oggi questa tipa non potrebbe farsi vedere neanche dai suoi, tanto è ridotta male.

«Quando Raso ieri è tornato a casa, mi ha raccontato di avere finalmente il lavoro della sua vita e voleva festeggiare.» asserisce, mentre si serve da sola il caffè che ho appena preparato. La cucina è invasa da un piacevole aroma. Il più piacevole degli ultimi giorni, quando la frittura in quest'appartamento è diventato un *must* da dimenticare.

«Certo!» esclamo, ironica. «È tornato da mio padre, dopo anni che gli ripetiamo di cedere!»

«Ad ogni modo, mi ha detto che voleva farti una sorpresa, ma prima andare a festeggiare, magari con me, perché tu saresti stata a lavoro tutta la giornata e lui aveva bisogno di svagarsi.»

Sto incrociando le braccia e sospiro.

Ai capelli ho i bigodini per dar loro la piega giusta prima di uscire. Di solito li metto in testa subito dopo essermi alzata, una o due volte a settimana.

«Perché non mi avete scritto?» chiedo per rimproverarla, anche se ora mi è passata pure la voglia di parlare. «Vi ho anche scritto dei messaggi! Mi sono preoccupata, stamattina avrei chiamato la polizia per denunciare la vostra scomparsa.»

Nica si lascia sfuggire un risolino, ma poi torna seria nel notare che io, invece, ho un'espressione davvero arrabbiata in volto.

«Scusa, mi dispiace.» mormora. «Avrei dovuto avvertirti, ma quando ho visto il tuo messaggio ero già brilla. Avrei voluto rispondere, ma lui mi ha invitata a ballare.»

«E si può sapere dove eravate?»

«In un locale del centro che si chiama "Lo sputazzo"... è figo, sai?» afferma, assumendo un improvviso accento romano che, in tutti questi giorni, deve aver nascosto a fatica.

Mi sembra di vederla per la prima volta. È tanto bella quanto *burina* 'sta ragazzotta tutta tette e poco cervelletto che ora vuole farmi credere alla storia dell'uscita per festeggiare.

Certo, può essere vero e questo lo chiederò a mio marito appena metterà il naso fuori dalla camera da letto ma, al momento, avevo bisogno di una spiegazione qualunque, purché plausibile e quella che mi sta rifilando Nica mi sembra piuttosto veritiera.

Perché non dovrei crederle?

Sospiro di nuovo.

«Va bene, io devo andare a lavoro.» le faccio sapere, dopo aver dato un ultimo sorso alla mia tazzina di caffè. «Quando *genio-man* si sveglia, per favore, digli di chiamarmi e soprattutto di smetterla di fare *fregnacce*!»

Nica annuisce e io mi preparo a uscire.

In camera da letto, il mio Rasoio russa tanto forte che credo possa diventare un nuovo e sconosciuto elemento d'orchestra. La sinfonia è particolare, ma piacevole, almeno al mio udito ancora innamorato.

Penso si sia spostato a dormire in camera da letto durante la notte perché, quando sono tornati a casa, sembrava più morto che vivo sul sofà!

Da quando so che si è finalmente deciso a tornare da mio padre per lavorare e che la nostra vita cambierà, mi sento più serena.

Penso che dovrà attendere la prossima settimana, prima di ricevere notizie da mio padre, ma spero che lo mettano a lavorare quanto prima, così smetterà di poltrire e soprattutto di combinare cavolate.

A proposito di cavolate... dovrei congedare Nica. Direi che il suo compito può ritenersi più che concluso a pochi giorni dal termine effettivo del nostro patto. Ci eravamo date dieci giorni, ma il piano ha funzionato in una settimana circa. Sono soddisfatta, credo di aver speso bene i miei mille euro.

Se i miei lo venissero a sapere, forse mi darebbero per matta o magari direbbero che ho avuto un'idea eccellente, perché alla fine sono riuscita a ottenere quanto volevo. Spero solo che duri e che lo scimpanzé non cambi idea all'ultimo momento.

Se prima non lo vedo seduto dietro la scrivania dell'ufficio presso il quale lo farà lavorare mio padre, ancora stento a crederci.

Se attendessi il passare del week end prima di congedare Nica, forse sarebbe meglio. Non si sa mai. Domani è sabato e io non lavoro, per cui potrò tenerlo sotto controllo, restando a casa. Nica potrà fare da supervisore, nel caso in cui lui si faccia venire in mente l'idea di tirarsi indietro. Non si sa mai.

La giornata mi si presenta serena sotto ogni punto di vista. Sono tranquilla. Mi sento quasi rinata.

Verso l'ora del pranzo, quando ho finito di stabilire gli appuntamenti degli avvocati, mi chiama mia sorella per andare a mangiare insieme da qualche parte. Accetto al volo e ci vediamo a Trastevere. Potrei avere un'ottima scusa per passare persino da casa. Magari potrei controllare se mio marito si è alzato.

Lucilla oggi indossa dei jeans attillati e una camicetta dal tessuto sottilissimo quasi trasparente. È tutta scollacciata e porta sulle spalle uno zaino. I suoi lunghi capelli rossi sono liberi di ondulare sulla schiena. Ha gli occhi che sorridono al mondo, sembra improvvisamente cambiata. L'ho raggiunta a Trastevere dopo aver parcheggiato in una via chiusa al traffico e ora ci stiamo dirigendo a piedi in una trattoria che conosciamo da anni, perché i nostri genitori ci portavano quando eravamo solo delle bambine.

Vestita di tutto punto, in un severo tailleur grigio su tacco dodici, sembro sua madre, piuttosto che sua sorella maggiore... di solo un anno. I miei capelli sono raccolti in uno chignon ordinato e ho il trucco ancora ben messo. Sono stata a controllarlo per mezza mattinata. Il mio compito, nello studio degli avvocarti presso il quale lavoro, è anche quello di presentarmi alle persone in modo piacevole ed elegante, anche perché i loro clienti appartengono tutti alla *Roma bene* e una segretaria al servizio di persone di alto rango, non può permettersi neanche un capello fuori posto.

Mia sorella mi guarda, divertita. Lei è uno spirito libero. Non glien'è mai fregato nulla del *bon-ton* e di tutto quello che comporta appartenere a una famiglia che ha fatto del suo meglio per darci un tenore di vita di alto livello.

Quando dico a mia sorella che, prima di andare in trattoria, a pochi isolati da casa mia, vorrei passare a controllare la situazione, mi rimbrotta dicendo di lasciar perdere il povero *pelosetto* coraggioso che, sicuramente, starà ancora dormendo.

La guardo di sottecchi. È l'una passata. Mi sembrerebbe strano, se lo trovassi ancora a letto, ma devo comunque controllare. Ne ho bisogno.

Lucilla mi aspetta per strada, quando salgo un momento a casa, al primo piano di un edificio d'epoca.

Quando entro, il silenzio la fa ancora da padrone.

A volte è angosciante questo tipo di situazione. Non vedo l'ora di riempire quest'appartamento di bambini. Magari i primi anni staremo stretti e dovremo spostarci da un'altra parte, ma almeno ci sarà confusione, sempre allegria e buon umore. Nessun tipo di silenzio scandirà più i nostri giorni in compagnia dei pargoletti che metteremo al mondo. Ne vorrei almeno tre, il numero perfetto.

Nica non c'è. Forse è uscita. Certo, la capisco. Ho avuto la pretesa di farla lavorare dieci giorni senza avere neanche un po' di tempo per sé e magari per avvertire la famiglia che non è scappata da nessuna parte e le lascio la possibilità di fare le sue cose, quando i giochi sono fatti.

Entro in camera da letto in punta di piedi e vedo Raso ancora spaparanzato e sognante.

Dorme.

Porca miseria, ma quante ore si può dormire?

Aveva ragione Lucilla. Beh... meglio così, posso andarmene a pranzare in pace, anche se devo ancora parlare chiaro con questo tipo dal pelo facile.

Scendo rapidamente la rampa di scale che mi separa dal cortile del palazzo e torno da Lucilla che, dopo aver saputo come ho trovato mio marito, dice sorridente: «Te l'avevo detto!»

Lei sembra sempre saperla lunga.

È una persona pacata che guarda lontano. Io, invece, sono una tipa più nevrotica e perfezionista. Non a caso mia sorella mi ha soprannominata *Ceretta*.

Alla trattoria ci servono una bella bistecca ai ferri insieme a un'insalata mista. Non posso bere vino come Lucilla, perché devo tornare allo studio, ma mi piace vedere mia sorella lasciarsi andare alle confidenze e sorseggiare dal suo bicchiere appena riempito di un *rosso frizzante* per raccontarmi che...

«Ho conosciuto un tipo molto carino.» dice, lanciandomi uno sguardo malizioso. «È un disegnatore francese.» afferma. «Da brivido!»

«Come l'hai conosciuto?» le chiedo, frastornata dalla novità. Sono davvero curiosa, perché mia sorella sta dicendo da secoli che sarebbe rimasta *single* a lungo, dopo l'ultima storia.

«A una mostra qui a Roma.» afferma. «Gli ho detto che partirò anche io per Parigi il prossimo mese e mi ha già invitata a passare un week end insieme da qualche parte.»

«Che tipo è?»

«Dunque... è alto, ha i capelli castano chiaro e una bella barbetta piccante.» ride, dopo il secondo bicchiere di vino, spero non esageri. So che non le piace essere richiamata, ma se la vedo passare al terzo, glielo dico. «È un uomo di quarantaquattro anni suonati con un divorzio alle spalle, ma è così maturo e intelligente, così rassicurante e attraente che... non ho resistito!»

Sgrano gli occhi e arrivo alla conclusione a cui, probabilmente, voleva farmi arrivare, senza dirlo apertamente.

«Ci sei già stata a letto?»

Lucilla annuisce, ridendo di gusto.

«Ma quando... cioé come è successo, perché così presto e...»

Sono davvero sorpresa e non riesco neanche a concludere la frase o meglio a dirne una di senso compiuto.

«Al secondo appuntamento.» rivela. «Ci eravamo conosciuti a una mostra di una mia collega. Abbiamo passato la serata a parlare, a ridere, a bere vino, a raccontarci aneddoti vari e poi ci siamo detti che sarebbe stato bello rivedersi.»

«E poi?» la incalzo perché, a questo punto, voglio sapere.

«Mi ha invitata a cena sul lungotevere.» Mia sorella ha gli occhi sognanti che già luccicano, quando racconta la sua storia e io mi rendo conto che sembra una persona di nuovo felice. «Abbiamo mangiato alla grande e bevuto un po'. Poi l'ho invitato al monolocale, perché mi piaceva l'idea di fargli vedere qualche mio dipinto ed è successo.»

Bene, ora sono solo due le domande che mi restano.

«Come è stato?» le chiedo, curiosa come una vecchia comare di paese. «E mamma e papà... lo sanno? Glielo hai detto?»

Lucilla è divertita ed eccitata allo stesso tempo, nel raccontarmi tutto.

«È stato assolutamente favoloso.» confessa. «Fare l'amore con un uomo più adulto è un'esperienza fantastica. Non l'avevo mai provata.»

La guardo sorridente e poi aspetto che mi dica qualcosa sui nostri genitori. Lo sapranno o no?

Lei capisce al volo e aggiunge: «L'ho già raccontato alla mamma, stai tranquilla.» mi rassicura e sappiamo entrambe che, rivelando qualcosa alla mamma, è come dirlo anche al papà, in quanto quest'ultima ha l'abitudine di raccontargli veramente tutto. Quindi, è praticamente ufficiale.

Capitolo 9

Sono tornata a casa poco prima delle sette. Il week end è ufficialmente cominciato anche per me.

Ho atteso tutta la giornata un messaggio da parte di mio marito, ma non ne ho ricevuti neanche a pagarli.

Quando entro in camera da letto, dopo aver trovato un salone deserto e silenzioso, mi rendo conto che è in bagno a farsi bello. Almeno spero sia lui, perché con tutto quello che è successo, negli ultimi tempi, in questa casa, posso aspettarmi qualunque sorpresa.

Appoggio la borsa sul letto e mi tolgo le scarpe. Ho i piedi indolenziti e tanta voglia di farmi una rapida doccia, prima di mettermi ai fornelli a preparare qualcosa.

Busso alla porta del bagno, sperando che chi lo occupa mi risponda subito. Ho quasi il timore che ci sia Nica dall'altra parte, invece del mio Rasoio.

Una voce *maschia* mi invita a entrare e non me lo faccio ripetere due volte. Finalmente il mio *scimpanzé* si è degnato di rispondermi.

Quando entro, strabuzzo gli occhi e sono allibita, ma molto piacevolmente.

Raso mi aspetta nella cabina della doccia, dove dal soffione è già partita l'acqua calda ed è... è... sono quasi commossa nel pronunciare la parola giusta, perché ancora non posso crederci.

Questo è davvero un miracolo!

Lui è... perfettamente depilato!

Non ci posso credere.

Sono felice, anzi... di più! Sono emozionata. Eccitata. Rabbrividisco e mi dico che ho le visioni.

È nudo e sembra tutt'altro uomo ad aspettarmi sotto la doccia. Ma siamo sicuri che sia lui? Che sia davvero il mio Rasoio? Che abbia messo mano a un rasoio vero, un suo simile, per poter tosare la prateria che aveva addosso? Il tappeto persiano è stato venduto! Ora sì che dobbiamo festeggiare sul serio!

Mi sta lanciando uno sguardo furbo e allunga una mano per invitarmi a raggiungerlo sotto la doccia.

«Vieni qui, Ceretta. Oggi ho usato il rasoio per farti concorrenza.»

Mi fa l'occhiolino e rabbrividisco, ma non me lo faccio ripetere due volte.

Dunque, Nica non ha le chiavi di casa, che io sappia, a meno che l'ex pelosetto non gliene abbia fatto una copia, ma lo trovo altamente improbabile, almeno spero! Quindi... per rientrare, dovrebbe per forza bussare al campanello, ma se siamo sotto la doccia, nessuno le aprirà e lei, comunque, non potrebbe mai sorprenderci nella cabina a fare gli sporcaccioni.

Mi levo il tailleur in tutta fretta, lanciando ogni indumento dove capita. Non mi sciolgo neanche i capelli dallo chignon e mi infilo nella cabina come se vi avessi trovato la via per il Paradiso.

Quando gli butto le braccia al collo, chiude la cabina e mi avvolge in un abbraccio caldo tanto quanto l'acqua con cui ci bagna il soffione.

Siamo davvero arrivati al massimo delle nostre più alte fantasie erotiche, perché da quando stiamo insieme, non lo abbiamo mai fatto sotto la doccia!

Era troppo peloso prima e io non sarei riuscita a lavarmi a contatto con una creatura che, bagnandosi, sarebbe risultata rinfoltita di alghe marine. Se non lo sapete, infatti, il pelo bagnato con acqua calda diventa tanto moscio da risultare, a contatto con la pelle di un'altra persona, come un'entità marina non ben definita. Ma ora è tutt'altra storia!

Gli avvolgo le braccia attorno al bacino e i nostri movimenti, all'interno della cabina della doccia, pur se protetti da un'anta dal vetro opaco, diventerebbero inconfondibili sotto gli occhi di chiunque.

Credo che le mie urla si siano sentite in tutta la casa e spero che i vicini siano usciti, perché è probabile che io abbia rotto loro i timpani, gridando forsennatamente: «Sì... liscioooo... ti sento... liscio... ti sento... liscio... ancora di più... sì... ancora... ancora... sì... ancoraaa...»

Ore 3:00

Nica non è tornata a casa. Avrà capito che il suo compito è concluso, anche se devo ancora inviarle sul conto il saldo della *prestazione straordinaria* che le ho chiesto. Probabilmente tornerà al suo lavoro da modella, ai concorsi, alle comparsate in Tv e ai provini per fare la figurante in qualche produzione cinematografica. Mi aveva confessato che ci avrebbe provato e penso che le risorse non le manchino. Se mostrasse il davanzale che possiede ai produttori giusti, sono certa che, dopo una lunga ed eccitante serie di lezioni di recitazione, sarebbe in grado di fare qualunque tipo di lavoro.

Per fortuna, dicevo... non è rientrata, perché io e il mio Rasoio abbiamo ballato lo Zumba per mezza casa: dopo la cabina doccia, è stata la volta del letto, dove abbiamo ricominciato qualche ora dopo, per poi spostarci sul sofà e finire sul tavolo da pranzo. Avete capito bene! Ma non è finita qui perché, intorno alla mezzanotte, il mio scimpanzé diventato toro è tornato alla carica e abbiamo ricominciato sul ripiano della cucina, per poi tornare in camera da letto dove siamo rimasti nudi, distesi e sognanti, con gli occhi rivolti al soffitto, nella penombra dovuta alle luci dei lampioni che filtrano dai vetri della finestra e ci rendono l'atmosfera più romantica.

Gli sto accarezzando la folta capigliatura ormai scompigliata e sospiro. Sono rimasta senza parole. Siamo tornati a essere la coppia affiatata di un tempo.

Se non restassi incinta dopo stasera... mi preoccuperei, ma sento sia la volta buona. Non ho più intenzione di prendere la pillola. Spero tanto nell'arrivo di un cucciolo di scimpanzé.

Sospiro più forte e mi sente, ne sono certa, quindi mormora: «Amore... sono felice.»

Sorrido.

«Anche io.»

«Lo hai già saputo, vero?»

«Cosa?»

«Sono tornato da tuo padre.»

«Hai fatto bene.»

«La prossima settimana ho un colloquio di lavoro, ma penso che vada tutto in porto, in quanto mi ha assicurato che il posto sarà mio.»

«Lo hai reso felice.» riprendo, riferendomi a mio padre.

«Lo so e... non solo lui!»

Rido e mi sistemo su un fianco per accarezzargli i pettorali ora lisci come un morbido tessuto in raso.

«Non so se sono più felice all'idea che, finalmente, lavorerai o perché sei diventato più liscio di me!»

Ridiamo insieme.

«L'ho fatto per te.» rivela.

«Ma dai!» esclamo, battendogli un pugno sull'addome piatto. Non so in che condizioni sia il suo *pipino* in questo momento, perché ho difficoltà a sbirciare la sua posizione nella penombra, ma spero si rimetta in sesto quanto prima, dopo la maratona di stanotte, perché sono ancora piena di energie e tutte positivissime.

«Hai sempre avuto ragione tu.» mi confessa, tornando serio. «Tutti questi anni ho solo perso tempo e l'ho fatto con la consapevolezza di chi non aveva nessuna voglia di crescere.»

Sospira lui, questa volta.

«Perché?» gli chiedo.

«Hai parlato di bambini appena ci siamo sposati.» rivela. «Volevi subito metterne uno in cantiere, per arrivare in questi anni a un numero massimo di tre. Ho avuto paura. Non ero pronto.»

«Mi stai prendendo in giro?» gli chiedo, sollevando di poco la testa dal guanciale, nel tentativo di intercettare il suo sguardo, anche se nella penombra è un'impresa difficile.

«No.» afferma. «Avevo bisogno di altro tempo. Non ero pronto. Avevo il terrore di prendermi le responsabilità che comportavano il mantenimento di una famiglia.»

«Raso, hai trentacinque anni!» gli ricordo. «Ci sono uomini che, alla tua età, hanno figli che vanno già alle elementari.»

«Lo so, ma io... non ero pronto.» ripete. «Non chiedermi spiegazioni. Non me la sentivo e basta. Non c'è molto da spiegare.»

«Perché non me lo hai detto prima?» gli chiedo, appoggiando la testa sul palmo della mano, dopo aver piegato il braccio a sostenerla.

«Cosa? Che ti stavo facendo perdere tempo volontariamente?» sorride. «Forse mi avresti lasciato.» afferma e a questa ipotesi non so rispondere neanche io, a dire la verità.

Non so come avrei reagito in tutti questi anni, nel sapere che mio marito stava gettando via il suo e il mio tempo volontariamente, perché non si sentiva pronto a fare il genitore. Forse lo avrei compreso o forse lo avrei abbandonato al suo destino, senza sapere quale sarebbe stato il mio.

«Non possiamo sapere qualc sarebbe stata la mia reazione ma, forse, ti avrei aiutato a cacciare le tue paure.»

«Lo so, ma la paura di perderti è stata più forte di qualunque confessione.»

Sospiriamo entrambi.
«Hai ancora paura?» gli chiedo.
«Ora no.» afferma. «Nica mi ha fatto capire che sbagliavo.»
«Nica?» ripeto, sorpresa.
«Sì, abbiamo parlato a lungo, anche quando siamo usciti fuori a festeggiare, dopo aver avuto la notizia da tuo padre che sarei riuscito a ottenere il posto per il quale sperava tornassi da lui.»
«E... cosa è successo?» chiedo, quasi preoccupata che tra loro ci sia potuto essere qualcosa di più intimo.
«Niente.» si affretta a rassicurarmi. «Siamo semplicemente usciti a distrarci un po'. Abbiamo mangiato qualcosa fuori, bevuto e ballato.»
«Ti ricordo che siete tornati a casa ubriachi fradici.»
«Sì, perché abbiamo perso la cognizione del tempo, ma ci siamo divertiti molto.» ricorda ad alta voce. «Lei mi ha fatto capire che sbagliavo su tutta la linea e mi sono detto: "Se anche una ragazza bella come Nica avesse delle riserve su un tipo che perde tempo, per quanto avvenente, allora... non posso pensare di continuare in questo modo, perché la mia Ceretta non se lo merita."»
A parte essersi dato dell'*avvenente* da solo, confermandomi di avere l'insana abitudine di pompare la sua autostima senza pudore e, potendolo pure assecondare, dopo la rasatura a scopo benefico (il mio, ovviamente), mi consola sapere che il piano abbia funzionato e mi sto chiedendo, proprio in questo momento, se sia il caso di confessargli la verità su Nica o tacere per sempre.
La mia scelta arriva nel giro di un secondo.
«Raso, devo raccontarti una cosa.» premetto, deglutendo a fatica, perché non so come la prenderà.
«Cosa?»
«Nica... non è mia cugina.»
Ride e non capisco.
«Lo so.» confessa.
«Come fai a saperlo?»
«Mi ha raccontato tutto quando ci siamo ubricati in discoteca.» rivela. «Eravamo su di giri entrambi e neanche potevo credere al fatto che fossi arrivata a tanto, per farmi muovere le chiappe, ma ho capito perfettamente il motivo per il quale lo hai fatto.»
«Davvero?»
«Sì, perché hai sempre avuto ragione. Ho capito i motivi del tuo gesto. Nica, forse, non si è resa conto di avermi detto più del dovuto,

ma sono contento di averla portata a bere, perché ho scoperto cose che non avrei mai immaginato.»

«E non sei arrabbiato con me?»

«Per niente.» risponde. «Hai avuto molto coraggio a ingaggiare una donna tanto bella per far uscire tuo marito dal letargo. Io ne sono rimasto attratto dal primo momento. È impossibile che Nica passi inosservata, ma ci ho dialogato tanto in tua assenza e ho capito tutti i miei errori.»

«Soltanto *dialogato*?» chiedo, eroicamente, nel timore che arrivi una confessione inaspettata.

Allunga un braccio sotto al mio collo per attirarmi a sé e ci stringiamo, sorridenti e divertiti. Siamo davvero due matti.

«Soltanto dialogato.»

Sono commossa e felice. Ora è davvero tutto a posto.

Capitolo 10

La domenica successiva, dopo essersi data per scomparsa per tutto sabato, Nica bussa al campanello di casa per salutarci.

La accolgo come si fa con una vecchia amica. Le sono grata per tutto ciò che ha fatto. Non potrei mai negare che il suo apporto è stato decisivo nel cambiamento di mio marito.

Ci abbracciamo in cucina, quando le voglio offrire un caffè e Raso è uscito per andare a fare una capatina nel negozio dei suoi che aprono pure di domenica mattina.

Mio marito ha detto di farmi bella per ora di pranzo, perché saremmo stati invitati a casa dei suoi, per festeggiare un nuovo capitolo della nostra vita.

Nica oggi indossa un abito estivo bianco a margherite sparse un po' ovunque. Ha i capelli raccolti in una lunga coda e gli occhi sorridenti. Neanche un filo di make up sembra essere stato passato sul suo viso candido. È di una bellezza naturale strabiliante e questa ne è l'ulteriore prova.

Io sono in camicia da notte, ma la invito ad accomodarsi in salone.

«Sono contenta che tu sia passata a salutarmi. Ti sono riconoscente per tutto quello che hai fatto.» le dico. «Oggi effettuerò il saldo on line, inviando i soldi sul tuo conto.»

Nica fa cenno di no e non capisco.

«Mi hai dato un acconto della metà e direi che cinquecento euro bastano e avanzano per un lavoro di dieci giorni. Anzi meno... perché sono andata via prima.»

«A proposito, perché non mi hai avvertita che saresti andata via?»

«Tuo marito mi ha chiesto di lasciarvi soli, perché avevate molto tempo da recuperare.»

«Davvero?»

«Sì.» afferma. «Mi spiace solo di essermi lasciata sfuggire la storia del nostro patto, quando siamo usciti a ballare, ma credo te lo abbia già detto.»

Sorrido.

«Sì, lo so.» confermo. «Non preoccuparti, ora è tutto a posto. Sono felice. Ho ottenuto quanto volevo, non ho niente da rimproverarti. Sei stata un'alleata eccezionale, anche se...»

«Anche se?»

Ho un'espressione che mostra appositamente incertezza, ma sto scherzando e lo capirà nel giro di un secondo.

«Credo tu abbia davvero esagerato il giorno in cui ti sei messa a chiappe all'aria.»

Ridiamo insieme.

«Hai ragione, scusa!»

Sospiro. È passata.

«Va bene, non importa.»

«Ma ti posso assicurare che tra me e tuo marito non è mai successo niente, neanche per sbaglio.» mi dice. «Anche quando siamo andati a bere, mi ha sempre rispettata ed è stato un vero galantuomo.»

La abbraccio.

«Grazie di tutto.»

«Grazie a te, Cera e... in bocca al lupo per la vostra vita insieme.» conclude, prima di congedarsi, dopo aver ultimato il suo caffè.

«Crepi il lupo, ma tu fatti sentire, quando hai tempo.» le raccomando, mentre ci avviamo alla porta. «A proposito, ancora non mi hai detto cosa farai ora.»

Nica sorride. Ha uno sguardo luminoso e un viso rilassato.

«Hai ragione, ho dimenticato di raccontarti la novità: parto per Montecarlo.» dice. «Un produttore cinematografico, dopo avermi fatto un provino andato bene, mi ha invitato a trascorrere una settimana nel suo attico in costa azzurra e, secondo te, mi sarei fatta sfuggire un'occasione del genere?» conclude, facendomi l'occhietto.

«Ma ti ha invitata per festeggiare la buona riuscita del tuo provino o per approfondire la vostra conoscenza?» chiedo, maliziosa e divertita, allo stesso tempo.

«Direi entrambe le cose!» esclama, mentre ridiamo di nuovo.

Ci abbracciamo un'ultima volta e poi sono io a doverle fare un grosso in bocca al lupo per la sua carriera.

Quando Raso torna a casa, intorno a mezzogiorno, gli racconto della visita di Nica e ride di gusto nell'immaginare che la nostra ex ospite, forse, dopo qualche avventura amorosa con le persone giuste, potrebbe fare carriera nello *show-business*.

Mi preparo per uscire, quando mi dice che i suoi genitori hanno chiuso il negozio un po' prima oggi, per accoglierci come si deve a casa loro e sono certa che la mamma si sia già messa ai fornelli per noi.

La sua famiglia vive a pochi isolati.

La loro casa è modesta, ma accogliente. La mamma Teresa mi ha sempre trattata come una figlia e sembra veramente felice della nostra ritrovata serenità. Suo padre Mario è più riservato, restio a chiacchierare, mi fa accomodare in soggiorno dove c'è già il tavolo da pranzo apparecchiato e mi offre un bicchierino di rum.

«Papà, non cominciare a farla bere prima di pranzo!» lo richiama suo figlio, facendomi ridere, mentre la mamma dalla cucina sembra stia urlando che il pranzo è pronto.

Un'amatriciana con i fiocchi innaffiata da un buon Cesanese del Piglio, un vino rosso prodotto in provincia di Frosinone dove lo acquistano da una vecchia conoscenza, prima di una bella bistecca ai ferri e un'insalata ben condita, ci fanno davvero trascorrere due ore di pranzo in buona compagnia.

Sono già piena quando mamma Teresa porta a tavola un gelato alla vaniglia fatto in casa, mentre Raso e suo padre si sono spaparanzati sul divano, per godersi un programma di intrattenimento televisivo, durante il quale mio marito comincia a raccontare di Nica.

Sono certa che suo padre stenterà a crederci, ma sono felice all'idea di godermi le sue espressioni sbalordite, mentre gli chiede: «Perché non l'hai portata al negozio? Le offrivo un bel mazzo di rose rosse!»

«Guarda quei due marpioni, Cera!» esclama mia suocera, mentre ci accomodiamo di nuovo a tavola per gustare insieme il gelato. «Gli uomini sono tutti uguali.»

Ha ragione.

Mia suocera ha i capelli castano chiaro e gli occhi verdi. Credo abbia superato i sessant'anni, proprio come il marito, ma dimostra di essere ancora una signora piacente. Ha un fisico asciutto e curato.

Ogni mattina, prima di recarsi al loro negozio di fiori, raccoglie i capelli in uno chignon, si passa un filo di trucco, indossa un abito leggero che le arriva ai polpacci e fa il suo dovere accanto al marito.

Hanno concepito e cresciuto un figlio meraviglioso e, malgrado siano consapevoli del fatto che un giorno Raso cederà l'attività al fratello Lino, sono sereni, perché hanno costruito una bellissima famiglia. In quel momento arriva anche il fratello di mio marito. Non lo vedo praticamente mai. È sposato con una ragazza di Ostia dove vivono felicemente da quando hanno preso casa, qualche anno prima delle nozze, nel momento in cui lei ha scoperto di essere incinta del primogenito. Si sono sposati un anno dopo di noi e il loro bambino di quattro anni è davvero meraviglioso. Non abbiamo mai tempo di andarli a trovare, ma spero che un giorno io possa dare a questo piccolo un compagno di giochi.

Sogno di diventare madre e attendo l'evento con impazienza.

Lino è paffuto in confronto a Raso. Ha due anni in meno, ma ne dimostra di più. Ha gli stessi capelli scompigliati e gli occhi azzurri, ma una panza che manco una donna incinta, in effetti! Sua moglie Alba, invece, è bellissima. Le sue origini sono calabresi. È mora e ha gli occhi verdi. È molto prosperosa e simpatica. Il loro bambino di nome Lorenzo come mio padre è una piccola peste.

Quando mia suocera li fa accomodare, il piccolo corre subito tra le braccia dello zio Raso che, dopo pranzo, non si è alzato dal divano neanche per caso.

Alba mi saluta con un bacio sulla guancia e si accomoda a tavola, malgrado la suocera non abbia preparato i loro posti, in quanto sapeva che avrebbero mangiato a casa dei suoi a Ostia. Hanno deciso di passare a Roma subito dopo il pranzo, per mangiare il gelato di mamma Teresa e fare due chiacchiere, perché hanno saputo da mio suocero che avremmo trascorso la giornata a casa loro.

È una domenica diversa questa per me.

Mi sento una persona più tranquilla di ciò che ero solo qualche settimana fa. Sento che la mia vita ha preso una piega giusta. Quella che aspettavo. Tutto andrà bene.

Mangiamo il gelato tutti assieme, raccolti in salotto, mentre la televisione trasmette la puntata replicata di uno show andato in onda la scorsa stagione. Chiacchieriamo amabilmente l'uno con l'altro, siamo allegri, un po' alticci, dopo il vino a tavola e il liquore che sta distribuendo mio suocero in shot di cristallo. Li ha tirati fuori dalla dispensa e credo lo faccia solo in determinate occasioni. Ha saputo dal figlio Raso che comincerà a lavorare nell'ufficio in cui lo ha raccomandato mio padre. È un uomo più sereno, proprio come me.

Il futuro di Raso stava a cuore a tutta la sua famiglia. Preoccupava tutti. Ci ha tenuti sul *chi va là* per cinque lunghi anni, dal giorno del mio matrimonio, praticamente.

Ricordo che, allora, mio marito aveva un lavoretto part-time mal remunerato e per niente piacevole in un negozio di alimentari dove faceva il banconista. Mio padre gli aveva avanzato la sua proposta poco prima del matrimonio, ma Raso si era preso del tempo per pensarci.

Pensarci. A cosa?, dico io!

Quando qualcuno vuole raccomandarti facendo di te un impiegato statale felice e ben remunerato, senza sapere neanche in che modo questo possa essere possibile, cosa c'è da pensare? Non lo scoprirò mai. So solo che il tempo passava e lui non si decideva.

In luna di miele in Grecia avevo passato giorni interi a ripetergli che era l'occasione della sua vita. Mio padre gli aveva offerto quel posto in virtù del fatto che era diventato mio marito e avrebbe dovuto costruirsi una famiglia.

Sono passati ben cinque anni durante i quali il mio Rasoio non ha fatto altro che perdere tempo. Sì, ha perso tempo e basta. Cambiava lavoro, si faceva sottopagare, si faceva maltrattare, si faceva sfruttare, mandava a quel paese il mondo, si divertiva quasi a giocare all'adolescente che deve fare *pratica* in giro.

La sua Laurea non è servita a niente, perché in realtà non aveva mai voluto conseguire il dottorato, lo ha fatto per i suoi genitori e lo ha sempre ammesso. Voleva accontentarli, ma non ha mai messo in pratica le sue conoscenze in Economia. Ora potrà farlo nell'ufficio dove lavorerà grazie a mio padre che, in qualità di dirigente bancario, ha avuto la possibilità di aiutarlo senza mai perdere la speranza che, un giorno, avrebbe messo la testa a posto.

Quel giorno è finalmente arrivato.

Sono felice.

Epilogo

Un anno dopo

Quando guardo mio marito portarmi il succo d'arancia nella corsia della clinica privata che mi ha indicato mio padre per partorire, mi sento la donna più fortunata al mondo. Tra un mese nascerà il nostro primogenito. È solo una questione di tempo. Molto presto potremo abbracciarlo e dirgli che saremo una famiglia felice.

È maschio e abbiamo deciso di chiamarlo Luca. Basta nomi bizzarri! Quelli che ci hanno affibbiati i nostri genitori sono sufficienti ad averci fatti accoppiare e capire che non c'è alcun bisogno di distinguersi, a volte.

Il succo d'arancia è fresco.

Il mio Rasoio si accomoda accanto a me in attesa della visita medica.

Quanto è cambiato in tutto questo tempo!

Mio marito si depila ogni mese, puntuale come un orologio svizzero, lavora nell'ufficio contabile nel quale mio padre lo ha infilato un anno fa e presto diventeremo genitori.

Mi sembra un quadro perfetto.

Non ho più avuto notizie di Veronica. Non sappiamo che fine abbia fatto. Ce la saremmo aspettata in qualche trasmissione televisiva, invece, al momento, niente di fatto.

Non l'ho più contattata e non so se il numero che mi è rimasto in rubrica sia ancora attivo. Non ho mai avuto l'idea di scriverle, almeno per far sapere che aspettiamo un bambino.

Penso che ne sarebbe stata molto felice, ma mi sono detta che, a distanza di un anno, senza più esserci scambiate neanche una parola, fosse inutile scrivere.

Cosa avrei potuto dirle? Forse per timidezza o perché non so se mi avrebbe risposto, ho lasciato passare il tempo.

Raso non mi ha chiesto mai di lei, per sapere se avessi avuto notizie della *moglie di riserva* che gli avevo propinato. Ridiamo insieme al ricordare quei tempi e ora mi sembra un'idea davvero campata in aria quella di essermi portata dentro casa una perfetta sconosciuta.

La visita è andata bene.

Sono in perfetta forma. Anzi, siamo. Io e il mio bambino. La ginecologa ha detto che tutto scorre liscio come l'olio e dobbiamo solo aspettare la scadenza dei nove mesi.

Sono emozionata e felice.

A casa abbiamo già tutto l'occorrente per accogliere il nostro bambino: Luca ha già la sua culla nella nostra camera da letto. Ci arrangeremo i primi anni, poi magari cercheremo un'altra casa.

Non c'è nessuna fretta al momento.

Mi dico che un giorno magari potrò raccontargli le bizzarre imprese di mamma e papà, due tipi che, quando si sono incontrati e hanno saputo di chiamarsi rispettivamente Cera e Raso, rendendo noto che mia sorella mi chiamava Ceretta e suo fratello Rasoio, ci siamo detti che fosse stato il destino a farci stare assieme. Siamo certi di questo. Se la prossima sarà femmina, quando crescerà, le potrei dire: “Tesoro, da grande puoi scegliere sempre chi e cosa preferire: mamma o papà, la ceretta o il rasoio?”

Lei riderà di gusto e mi risponderà: “Entrambi, insieme.” Sempre insieme.

E vissero depilati e felici.

Nota dell'autrice

Questa novella è raccontata con un pizzico di follia e tanta ironia. Basata su episodi reali, nei quali si è trovata anche l'autrice, poi si evolve fantasiosamente in una storia che porta alla luce una parte, o buona parte, delle magagne che una relazione di coppia, da convivente o sposati poco cambia, può far scaturire.

Ci sono i pregi e i difetti della coppia italiana media, con le sue abitudini, le sue virtù, le sue usanze, le sue placide convinzioni.

Lui che esce dalla casa della mamma che lo ha coccolato, lei più responsabile e di certo più indipendente e matura, cerca di riportarlo sulla retta via o meglio di far funzionare il suo matrimonio utilizzando una serie di *s*-corretti *escamotages*. Funzionera? Non funzionerà? Come sappiamo, in amore e in guerra tutto è lecito.

Cera è un riflesso di molte giovani mogli, di donne che hanno avuto la fortuna o la sfortuna di incappare in mariti che, come Raso, sono pigri, indolenti, abituati ad avere la pappa pronta a tavola – e non solo lì, magari anche sul divano.

Come in ogni coppia che si rispetti ci sono discussioni, confronti, litigi e prove da superare, sfide non sempre vinte che, però, possono servire al buon funzionamento della relazione o alla sua totale distruzione.

Insomma, *resistere* è la parola d'ordine.

Che ve lo immaginiate o meno, chi non litiga mai, chi non discute, chi non si confronta, chi non urla e chi non si battibbecca, forse, non ha nulla da dirsi. Chi, invece, sembra pronto a far scoppiare una bomba vera e propria, magari può ritrovarsi a far la pace e a unire di più il suo rapporto.

E voi, cosa ne pensate?

Ringraziamenti

È mio dovere ringraziare, in questa pagina, le persone che mi sono accanto, sia fisicamente che virtualmente, in qualità di amici, conoscenti, colleghi, familiari e contatti.

Sono contenta di poter dire che, spesso, anche attraverso i social network si possano conoscere persone magnifiche.

Chi mi conosce e sa quanto conti per me la scrittura, si renderà conto del valore che essa ha assunto nella mia esistenza.

Questa commedia scritta per il puro gusto di far fare quattro risate a chi la leggerà, è stata scritta nel corso di una calda, caldissima estate, quando, secondo me, la voglia di *cazzeggiare* (prima volta che uso nei ringraziamenti un termine come questo!) per il puro gusto di passare il lento scorrere del tempo, diventa quasi una priorità, alle volte.

Spero che vi siate divertiti in compagnia di Rasoio e Ceretta e che, se vogliamo dirla tutta, questi due siano stati anche elementi usati con dovizia in estate. Scherzo, birbaccioni che non siete altro! Come potrebbe essere diversamente, per concludere in bellezza le pagine di una commedia romantica?

Grazie a tutte le persone che mi vogliono bene.

L'autrice

Tiziana Iaccarino nasce a Napoli il 7 Maggio 1976. Ama l'arte in tutte le sue forme, ma da piccola le viene riconosciuta un'innata predisposizione al disegno. Debutta in televisione a soli cinque anni, quando canta in un programma per bambini, studia all'Accademia d'Arte Drammatica e recita nei teatri più importanti della sua città. A seguire, affronta una lunga gavetta come autrice partecipando a concorsi letterari nazionali e internazionali di poesia e a eventi culturali. Ha vissuto sei anni in Inghilterra dove ha trovato ampia ispirazione per la stesura di alcune delle sue opere letterarie, poi è tornata in Italia per ritrovare le sue radici.

È autrice di opere pubblicate sia con case editrici che in self-publishing, è book blogger, author coach e reviewer.

Se la storia ti è piaciuta, sarebbe molto gradita una recensione o una condivisione della stessa sulle piattaforme di vendita libri o sui più noti social media .

UNA ESPOSA DE
Repuesto

La storia è tradotta anche in Spagnolo ed è in vendita su Amazon

La commedia è disponibile in eBook su tutti gli stores
di libri online e in cartaceo su Amazon in tutto il mondo.

www.ingramcontent.com/pod-product-compliance
Ingram Content Group UK Ltd.
Pitfield, Milton Keynes, MK11 3LW, UK
UKHW041851190726
13854UKWH00002B/836

9 781521 981283